CARMEN PIGUILLEM

RECUERDOS DE MI INFANCIA Y JUVENTUD

A mis padres y hermanas

A todas las hermanas de mi Congregación

PRESENTACIÓN

Hoy presentamos este pequeño librito de nuestra querida Madre Carmen Piguillem Petit. Es para mí una gran alegría, pues fue Carmen quien me recibió en la Congregación siendo Superiora General.

De ella hemos recibido muchas gracias y bendiciones en nuestra vida religiosa. Siempre me sorprendía su alegría y cercanía a mí, siendo yo muy joven. Me impresionaba la positividad que desprendía.

Después, en mis primeros años de formación en el noviciado en Segovia, fuimos muy cuidadas y acompañadas por ella. De una forma sencilla, pero muy profunda, nos indicó los caminos hacia la COMUNIÓN, los caminos hacia una vida fraterna sana y positiva, para unas relaciones de hermanas que se quieren y saben dar la vida unas por las otras, alentándose en el seguimiento de Cristo.

Cuántas veces nos decía: "!tú puedes!!!", todo lo podemos con Él y con la Santísima Virgen y como todo lo que vivimos, pertenece al hermano. Se trata de esta espiritualidad de Comunión que San Juan Pablo II nos pedía al prepararnos al jubileo del año 2000, y que Carmen ya vivía y nos enseñaba a vivir.

Cuántas veces le oímos decirnos **"todo lo mío es tuyo y lo tuyo mío"** y, sobre todo, la vimos vivirlo.

Carmen es una mujer **adelantada en el amor,** en la comunión, en el AMOR a Cristo y a su Santísima Madre, su tierna Madre.

Hay muchas hermanas que darían su testimonio y que sin duda han sentido a Carmen como la hermana, acompañante y misionera incansable en las relaciones de comunión.

Este escrito viene de una obediencia, ya otras hermanas se lo habían pedido antes, entre ellas siendo general nuestra querida Leonor Gutiérrez. Yo reforcé esta petición, para que ella misma nos contara su infancia, sus recuerdos y vivencias. A pesar de sus muchos años, 98 en este momento, lo ha realizado con inmenso amor y cariño y en obediencia.

En estos escritos vemos en Carmen un alma sencilla y delicada desde su infancia, que ha sabido y sabe dar lo mejor a Dios y a su congregación en todos los ministerios y cargos que Dios le ha pedido, y hacerlo con inmensa alegría.

El centro de su vida es Dios y el Misterio de la Trinidad como Comunión de Amor, María Inmaculada es su todo después de Dios, como dijera también la Beata María Emilia Riquelme, nuestra querida Fundadora.

Carmen emana sencillez, que nace de una profunda experiencia de silencio y de amor en la vivencia trinitaria. Invadida por este amor de COMUNIÓN, es ella amor y cercanía para las hermanas, expresión de la ternura de Madre, la misma que experimenta ella en María Santísima.

Agradecemos tu esfuerzo y sencillez por hacernos partícipes de tus recuerdos de la infancia y juventud junto a tus hermanas y tus padres. Ahí se fraguó tu vocación misionera. ¡Gracias!

Marian Macías Rodríguez Superiora General

RECUERDOS DE MI NIÑEZ LLENOS DE GRATITUD AL SEÑOR

Luces y sombras de una pequeña y pobre hija, que quiere ser toda de Dios

En los Ejercicios Espirituales que cada año hacemos, más de una vez, el sacerdote que los dirigía orientaba para que cada ejercitante hiciera una reseña de su historia personal, así podría apreciar la obra del Señor en su alma y agradecer su gran bondad y misericordia. Si bien me lo proponía, no acertaba.

Hace unos años una religiosa del Consejo me dijo que por qué no escribía algo de mi vida, me parece que ella lo había hecho y me invitaba a hacer lo mismo; tampoco me decidí a hacerlo pues nunca encontraba tiempo para esto. Incluso alguna que otra hermana últimamente me dijo lo mismo y tampoco me decidí. Actualmente, cuando me viene a la memoria algo que veo no hice bien en mi vida pasada, o que fui cobarde omitiendo hablar para defender la verdad de algún hermano o hermana, procuro subsanarlo pidiendo perdón y confesando mi falta de valor y caridad.

Pensando, una y otra vez me venía a la memoria esta insinuación, creo que no fue ningún mandato formal cuando me lo dijeron, sin embargo, es bueno siempre obedecer. Pensé que no me sería tan difícil lograr cumplir ese deseo y después, también por mi parte, me gusta que me conozcan bien mis hermanas así podrán ayudarme a ser cada vez más de Dios, que es mi único deseo. Pienso ahora que una de las causas de no haberlo hecho antes, es que al ponerme a hacerlo veo que en mi vida todo es tan sencillo, todo tan sin nada relevante, que la verdad no sé ni cómo empezar. No sé qué me pasa, es como una pereza a remover cosas del pasado, viendo claramente que aún no acierto a vivir bien el presente. Empezaré pidiendo al DIVINO ESPÍRITU que sea Él, únicamente Él, el que hable, escriba estos recuerdos que tienen sus momentos de luz y sombras, y que nuestra Celestial MADRE me ayude en esta obediencia y siempre.

Más de una vez he pensado en las palabras de S. Francisco a un Postulante cuando éste le preguntaba por qué solía repetir que era el mayor pecador del mundo si no había matado, ni robado, ni hecho tantas cosas malas como tantas otras personas hacen. Contestó el Santo: Hijo, si ese hermano o hermana hubiera tenido las gracias que yo he tenido seguro que las habría aprovechado mucho más que yo y sería santo. Es por ello que debo empezar por hablar de la familia que el Señor me concedió para ver lo poco que he sabido aprovecharme y pienso también con S. Francisco que otras personas, con esas gracias tan especiales, habrían aprovechado mucho más que yo.

Pocas veces hemos tenido tiempo de hablar sobre nuestros familiares. Voy a empezar pues, por explicar lo que de mi niñez quedó grabado de la conducta y palabras de mi padre. Os diré que él se dedicó a trabajar en el ramo de la construcción. Fue muy emprendedor y trabajador, iba delante de los trabajadores con su ejemplo, fue

generoso con ellos, nunca dejaba de cumplir sus deberes religiosos
y los domingos, mientras era soltero, solía ir como voluntario a las
Hermanitas de los Pobres para ayudarles en lo que necesitaran. Vivió situaciones difíciles como todos tenemos en la vida. Una de las
pruebas más grandes, fue la muerte de nuestro hermanito Andresito, único niño de la familia. Tenían entonces, tres niñas Consuelo,
Lolita y Nuria, María había fallecido muy pequeña, con ocho meses
por la gripe española. Él estaba orgulloso de su hijo, si bien, quería
mucho a todas sus hijas y era cariñoso con todos.

Papá en las fiestas, oí decir en casa, salía a pasear con el niño
mostrándole los bellos edificios y construcciones de la ciudad. Andresito en aquella temprana edad, ya se mostraba muy observador e
inteligente. A los tres años y medio enfermó de meningitis y después
de unos meses de angustia el niño murió. El dolor de mis padres fue
muy grande, como es natural, pero de ellos no salió ni una queja. Las
únicas palabras que salieron de la boca de mi padre fueron: "Dios me
lo dio, Dios me lo quitó, bendito sea su Santo Nombre."

Durante la guerra civil española fue perseguido
como católico y monárquico, milagrosamente se salvó
cruzando a pie los Pirineos, refugiándose en Francia en
casa de unos amigos de la familia. Tendría que hablar
aquí mucho de su fe y de su confianza en Dios durante
ese período doloroso para todos los españoles, pero no
puedo alargarme.

Parroquia del Corpus Cristi

En la Parroquia de Corpus Christi de la calle Bailén de Barcelona éramos muy conocidos, pues asistíamos muchas veces, sobre todo cuando éramos pequeñas, toda la familia a la Santa Misa los domingos. Papá muchas veces después de la Misa de los domingos nos comentaba el Evangelio y todos los días, después de cenar, rezaba el Santo Rosario. Recuerdo que cuando estábamos refugiados en Lasarte (pueblo cerca de San Sebastián, Guipúzcoa) al acabar el Santo Rosario, rezaba muchos Padrenuestros: por el fin de la guerra, por los soldados que estaban luchando, por los heridos, por los más necesitados, otro para San Cayetano, Padre de la Providencia, por las almas del Purgatorio etc. Le decíamos nosotras, pero papá, si los Padrenuestros duran más que el Rosario. Por favor papá, reúne las peticiones en un solo o dos Padrenuestros. No se cansaba de pedir por todas las necesidades y hermanos sufrientes.

Se inscribió en nuestra Parroquia en la Asociación de los Portantes del Santo Cristo. Todos los viernes de Cuaresma en el Templo se rezaba el Vía Crucis y el día de Viernes Santo se organizaba en la Parroquia una solemne procesión de re-

Carmen adolescente
con sus hermanas

paración, a la que asistíamos todos los fieles; los Portantes del Santo Cristo llevaban un Crucifijo muy grande, que pesaba mucho. Daba mucha devoción ver cómo se lo pasaban con tanto cuidado unos a otros, no sin bastante dificultad, por las diferentes Estaciones del Vía Crucis, parecía que no querían hacerle daño a Jesús. Papá no faltaba nunca a esta Procesión, daba con gozo ese testimonio de amor, con mucha fe.

Cuando se enteró que Lolita quería entrar religiosa, no sólo la animó, sino que se alegraba de que lo hiciera a una Congregación Eucarística, Mariana y sobre todo Misionera como Lolita tanto deseaba. Al despedirla en la Estación, papá dijo a la M. General, que se alegraba de que fuera pronto a las misiones, cosa que mi madre no compartía, no quería tenerla tan lejos. Mamá estaba ya muy delicada y sufrió mucho, pues nosotras éramos muy jóvenes y Lolita era su brazo derecho. Y cuando ya habíamos entrado las tres hermanas religiosas, decía muy contento papá: No tengo miedo de morir, pues, Jesús es mi yerno, por tres veces.

Nuestra madre era algo especial, era una santa, dulce, delicada, tímida y muy piadosa. Como la mujer que nos relata la Sagrada Escritura. Hacendosa, cumplidora de sus deberes caseros, educadora de sus hijos. Siempre, cuando volvíamos del Colegio, la encontrábamos en casa, dispuesta a escucharnos y a atender nuestros infantiles deseos. Pero sin caprichos. Desde muy pequeñas ya nos enseñaba a rezar y de noche, cuando nos arropaba, iba rezando sencillas oraciones y jaculatorias, que han quedado bien grabadas en nuestro corazón.

Doña Carmen Canals

Cuando se acercaba la Navidad papá y Lolita ponían el Belén. Sabíamos que, para prepararse a recibir a Jesús, mamá rezaba las mil Avemarías que de pequeña a ella le habían enseñado las Religiosas del Colegio. A nosotras nos parecía una barbaridad, pero mamá nos decía que no se le hacía largo. Empezaba a rezarlas el día de Ntra. Sra. de la Esperanza y poco a poco una tras otra hasta la Nochebuena. En la Asociación del apostolado del Sagrado Corazón donde pertenecía, las Señoras de la Asociación iban a visitar a los enfermos de la Parroquia. Le gustaba mucho a mamá ir a consolar a las personas que estaban sufriendo, cuando se puso enferma y ya no podía asistir, los enfermos la echaban de menos y decían: por qué no viene ahora aquella Sra. tan buena y dulce.

Fue ejemplar en su enfermedad, nunca se quejó, había sufrido mucho con las enfermedades de nuestras hermanas Nuria y Montserrat y también al estallar la guerra, como era muy sensible y callada, sufrió mucho. Tuvimos que salir de España e ir a Francia, dejando las casas de Barcelona y Llívia (Puigcerdà), sin poder llevar nada. Fueron tiempos muy difíciles para la mayoría de los españoles. Mamá por su mucha fe y amor al Señor lo dejaba todo en sus divinas manos.

A los 51 años, recién cumplidos, después de recibir devotamente los Santos Sacramentos, y haber tenido una experiencia mariana poco antes de morir, falleció llena de méritos. Dejándonos, con mucha paz, pero con mucho dolor también por la separación. No fue fácil, recuerdo que la experiencia mariana de mi madre quedó bien grabada en mi alma. *Cuánto hay que sufrir en este destierro y todo es nada en comparación de lo mucho que el Señor sufrió por nuestro amor y para redimirnos.*

Nuestro padre, como era su costumbre, seguía yendo a la Adoración Nocturna del Tibidabo, a veces lo acompañaban Lolita o Nuria.

Nuestras hermanas mayores, Consuelo, Lolita y Nuria nos daban a Montserrat y a mí muy buenos ejemplos, a nosotras nos llamaban "les petites" (las pequeñas), con Montserrat sólo nos llevábamos dos años y con ellas eran bastantes los años que nos separaban. Nos ayudaban en todo y nos sentíamos amparadas y queridas. Estuvimos muchos años la familia toda unida y muy felices.

Al partir Lolita al Noviciado y fallecer mamá, la familia se deshizo en un par de años. Consuelo estaba casada, Nuria con novio y pronto se casó, yo me fui al noviciado y Montserrat se quedó sola con papá casi dos años, esa etapa para mi hermana, la benjamina, fue de bastante exigencia. Más tarde, Montse vino una temporada al Convento de Madrid, allí asistió a mis clases. Poco después entró como Postulante. Para nuestro padre, ya mayor, fue un tiempo muy duro que sin duda lo terminó de purificar para recibir del Señor la corona prometida a los que, en vida, defendieron la fe y la justicia.

MIS PRIMEROS AÑOS...

Y ahora tengo que empezar por mis primeros años.

Mucho me gustaban las oraciones que mamá nos rezaba todas las noches, poco a poco las íbamos aprendiendo con Montse y nos resultaba muy dulce el beso que después de rezar y arroparnos nos daba nuestra querida madre. Con su ejemplo, mamá nos enseñaba a **ser agradecidas**, a **hablar siempre bien de los demás**. Ahora recordándolo veo cuán y sencilla y positiva era cómo, sin darnos nosotras cuenta, nos llevaba a amar a Dios y a todos nuestros hermanos. Papá iba a veces cerca de nuestras camas y nos recitaba las obras de misericordia. Mamá le dijo, alguna vez, "no ves que aún son muy pequeñas".

Cuando se inauguró la exposición de Barcelona en el año 1929, con nuestro abuelo paterno fuimos a visitarla, íbamos un grupo grande, gente joven con él, mis hermanas mayores, primos, amigos, también me llevaron a mí, aunque era muy pequeña, aún no había cumplido 4 años. No me dejaron subir a la atracción de las montañas rusas, me dijeron que era pequeña y que ya me darían otra cosa, que fue echar céntimos a la boca de un león de cartón y salió, no recuerdo bien, si fue un muñequito, no me gustó mucho y sí, me parecía maravilloso desde abajo ver a mis hermanas mayores y amigos que saludaban y gritaban subiendo y bajando aquellas montañas tan escabrosas. Eso era lo que a mí me gustaba, subir y bajar como los mayores.

En cada caseta nos daban muestras de propaganda, probar bebidas, alguna comida… Al volver a casa iba feliz, con un montón de papeles, muestras, llena de alegría se los enseñé a mamá diciéndole: mira, mira cuántas cosas bonitas traigo, después disfruté con mis hermanas recortando lindos dibujos, ya desde pequeña me gustaban los papeles y lápices.

A los cinco años caí enferma de gravedad, con una pulmonía doble y bronquitis. Como entonces no había antibióticos era casi siempre mortal, pocos se salvaban. Me han contado que mamá lloraba y habían preparado ya una túnica blanca para enterrarme. Se ve que en el momento que estaba más grave, a mi mamá le dio un arranque y prometió al Niño Jesús de Praga que se venera en la Iglesia de los PP. Carmelitas, que si me salvaba me pondría el hábito que señala dicha Asociación. Yo recuerdo que dormía en una cama junto a mis padres, se ve que me pusieron allí en ese tiempo que enfermé, también recuerdo que llamaba a Lolita y le decía no te vayas Lolita, no te vayas… En el momento que menos esperaban la enfermedad dio un giro y empecé a mejorar. En ese tiempo de la enfermedad, crecí mucho y quedé muy delgada, cuando me levantaban, estaba sin fuerzas, para andar me agarraba a los cortinajes que había en la puerta del cuarto de los papás.

Montse, que sólo tenía tres años me decía: oh, es mayor y no sabe andar, y era verdad que me fallaban las piernas. Poco a poco me fui fortaleciendo. Cuando recuerdo todo esto, no sé cómo dar gracias al Señor, pienso en su gran bondad, un su inmenso amor, dándome oportunidad para poder alabarle, para amarle más y más en la nueva vida que me regalaba. Además, por ser tan pequeña no había recibido la Sagrada Comunión y volar al cielo sin haber comido el

Pan de Vida era muy triste y Dios siempre tan bondadoso me dio un montón de años que nunca pensé vivir, aunque debía haberlos aprovechado más, pero sí que le he amado siempre y cada vez más por su gran misericordia y a la Virgen, nuestra Madre, también la he amado, lo que en mi pobreza he sabido, ya desde tan pequeña la invocaba con confianza. Mi madre y mis hermanas me enseñaron a amarla y a confiar en ELLA.

Tendría unos seis o siete años cuando oía a mis hermanas mayores rezar el Acordaos a la Santísima Virgen, me decía interiormente desde la cama donde las oía rezar, tengo que aprender esta oración tan bonita, es muy larga, pero quiero aprenderla, es de la Virgen, yo la quiero aprender, no tardé mucho en poderla rezar sola. En el mes de mayo cómo disfrutábamos poniendo un altarcito para rezarle a la Madre del Cielo, teníamos velitas, floreritos y la Virgencita, todo pequeñito. Y ahí estaba nuestra mamá ayudándonos y rezando con nosotras "las dos pequeñas" que, como ya he dicho, nos llamaban a Montserrat y a mí.

Nuria tendría 12 años cuando se clavó un ganchillo que llevaba en el bolsillo y yo, que tenía seis, lo vi. Me dijo que no dijera nada pues se ve que tenía miedo que la regañaran. Resulta que se le infectó y como le dolía mucho la llevaron al médico. No acertaban lo que era entonces la medicina estaba poco adelantada, le abrieron la herida y le cortaron un tendón. Ahí empezó el calvario de nuestra pobre madre pues hicieron todo lo que podían para mejorarla, pero la herida no cedía. Estuvo así mucho tiempo en cama.

Recuerdo que, como veía llorar a mi madre y a Nuria siempre en la cama, yo iba al cuarto de los papás sin que me viera nadie, y bajo un cuadro que teníamos del Sagrado Corazón le rezaba de rodillas, para que se curara pronto y mamá no llorara más. Ya desde pequeña no podía ver llorar a nadie.

Mis hermanas mayores se habían educado en el Colegio de las Madres Escolapias que estaba en la calle Aragón, casi frente a la Parroquia de la Concepción y yo estuve en el de Gracia, donde también asistía mi hermana Nuria. Yo era muy pequeña e iba a

la clase de párvulos, tendría unos 4 años.

Montse como era la más pequeña se quedó con mamá y no fue

Colegio de las madres Escolapias

tan pronto al Colegio pues además tenía la dificultad de la poliomielitis en su pie. En aquella época la medicina no estaba tan avanzada como hoy y los médicos dijeron que era preferible no intervenirla pues afirmaban que la suya era una afección mínima.

Recuerdo que la religiosa que nos daba clase, mejor dicho, nos entretenía con juegos educativos, al llegar por la mañana me decía: ya llega "la manzanita de la clase", pues como íbamos cada año a veranear al pueblo de nuestro padre, Llívia, junto a los Pirineos, con tan buenos aires, se ve que a la Hermana le hacía gracia

al verme tan morenita y sonrosada. Otra cosa que nunca se me ha olvidado es que un día vino a la clase un sacerdote y nos estuvo contando sobre la Pasión de Nuestro Señor, me hizo mucha impresión, pero no lloré como dos hermanitas mellizas que estaban en la misma clase quizás un poco mayores que yo, que lloraron mucho, a mí me hubiera gustado llorar como ellas, pues Jesús sufrió tanto por nosotros. Creo que no lo comprendí del todo.

Llívia, el pueblo español que está dentro de Francia

Llivia pueblo español dentro de Francia

Estábamos en casa un día con mi hermana Montse, mi prima Mercedes y alguna amiga, no sé cómo surgió la conversación de con  quien se quería casar cada una. Estaban mi padre y mi madre por allí también, empezaron a decir más o menos, no recuerdo bien, una dijo por ejemplo quiero casarme con un marinero y todos se reían, otra con un abogado etc. Yo no decía nada y mi padre, extrañado que no dijera nada, me preguntó y tú Carmen por qué no nos dices con quien te querrías casar, de pronto hablé y les dije yo si no es con un "duqués" no me caso, no acerté a decirlo bien ni en español ni en catalán, cómo se rieron mis padres de mi salida.

Siempre recordé este acontecimiento de mi más tierna infancia y cuando me preparaba para hacer los Votos a los 19 años y entregarme a Jesús para siempre, daba gracias a Dios recordando este episodio y pensé que esto era para mí sola y Jesús. Él había cumplido mi voluntad con creces, iba a ser mi Esposo del alma y para mí era ya para siempre, aunque los votos que pronunciaba eran los votos temporales, pero cuál fue mi sorpresa cuando mis hermanas Lolita y Montse me enviaron una linda felicitación como regalo de la fiesta y un cuadernito hecho con mucho primor en el que decían si recordaba que el Señor no me había concedido "un duque" para casarme como yo quería en mis años infantiles sino, nada menos, que el Rey de Reyes y Señor de los Señores. En el cuadernito venían unos versos del Cantar de los Cantares, muy bien escogidos. Todo lo prepararon entre las dos. Montse era novicia entonces y Lolita era la Maestra de novicias. Cuando lo recibí me quedé sorprendida pues pensaba que esto había quedado olvidado y era sólo Jesús el que lo sabía, pero Él quiso que tuviera el consuelo de compartirlo con mis hermanas tan queridas. Mucho agradecí su delicado detalle que demostraba su gran amor. Entonces viajábamos poco y no estuvieron en mi fiesta de Profesión. Vino mi padre solamente.

Cuando yo tenía unos 6 años murió nuestro abuelo materno, fue un golpe duro para nuestra madre, pues lo quería muchísimo, era un caballero en toda la extensión de la palabra, religioso, un buen esposo, un padre amoroso, cumplidor del deber, comprensivo con sus trabajadores, emprendedor y era feliz con sus cuatro hijas y 21 nietos. Entonces tenían la costumbre los nietos mayores al llegar a visitarlos de besarle la mano, lo recuerdo muy bien. Era muy respetable, tenía un gran bigote como era costumbre en aquella época, a pesar de esto no me daba miedo y al llegar a visitar a los abuelos, pues íbamos casi todos los domingos, empecé, se ve que ya era de otra generación, a saltar sobre sus brazos y a besarle, todos los primos que me seguían en edad siguieron mi ejemplo. Mi abuelo tenía una hermana religiosa de la Congregación de las religiosas del Corazón de María. Al morir pensaron llevarnos a todas las nietas en edad escolar al Colegio al que había entrado su hermana, la madre Asunción Petit. Así que el nuevo año de 1932 lo empecé en el Colegio del Corazón de María que estaba ubicado en la calle de Gerona nº 66. Me pusieron en la clase de párvulos, entonces en los Colegios no había tantas divisiones, a los siete años más o menos nos subían a otra clase. Tengo muy buenos recuerdos de ese querido Colegio del Corazón de María y de las Religiosas. Siempre fueron buenas y compresivas.

Yo solo tenía 10 años cuando se declaró la guerra y ya no volvimos más, solamente para visitar a las Madres que tanto nos habían querido y ayudado en nuestra formación.

En ese tiempo de la enfermedad de Nuria, me atreví a pedirle a la directora que era la Madre Montserrat si, a la hora del recreo, me  dejaba rezar en la Capilla por mi hermana Nuria para que se curara. La Capilla no era muy grande y resultaba muy acogedora, dudó un poco la Madre quizás por verme tan pequeña, tenía 7 años, pero al fin me dio el permiso. Al encontrarme sola ante el Sagrario, allí estaba Jesús, me hizo mucha ilusión, recé por mi hermana, luego di unos golpecitos al Sagrario para que Jesús me oyera mejor, después vi el reclinatorio de la Religiosa y me arrodillé en él, me pareció muy grande, me hundí en él y me dio mucho respeto, volví al suelo que para mí era más cómodo, le dije adiós a Jesús y salí tan contenta, tenía toda la confianza que Jesús me escucharía.

El Excmo. Sr. Obispo D. Manuel Irurita Almándoz, obispo de Barcelona que era tenido como un santo, iba a hacer una visita a nuestro Colegio y las Madres avisaron a mi familia por si querían llevar a Nuria el día de la visita. Mis padres prepararon todo y Nuria fue llevada al Colegio en una camilla. El Sr Obispo fue muy amable con ella, rezó y la bendijo. Nuestra hermana mejoró mucho y al fin dejó de supurar la terrible herida.

En el Colegio se preocupaban mucho las Madres de nuestra formación religiosa. Tan pequeñas y ya hacíamos unos dos o tres días, no recuerdo bien, de Ejercicios Espirituales. A mí me gustaban estos días en que no teníamos clase y que podíamos ir a rezar y pasear en silencio en el jardín.

El Padre que daba las charlas, uno de los días se le ocurrió decir: Mirad, vais a cantar para Jesús y si lo hacéis con toda el alma, bien  fuerte, seguro que os oirán hasta en la calle de Aragón y el Señor hará que se convierta algún pecador, fue oír esto y yo grité con todas mis fuerzas, me imagino que las demás niñas harían igual, y me quedé tan contenta y segura de que Jesús había escuchado nuestra oración y algunas de las personas que pasaban en aquel momento, al oírnos, cambiaron de vida. Esto es lo que quería, que todos conocieran y amaran a Jesús.

En estos días de ejercicios, como ya he dicho, íbamos al jardín y orábamos caminando en silencio o rezando, recuerdo que conmigo se unieron algunas niñas y empezamos el Santo Rosario. Nos dimos cuenta que no sabíamos bien los misterios, nos quedamos un poco perplejas, pero de pronto les dije: no importa, Jesús nos entenderá igual, voy a decir como sepa, inventé algunos misterios así lo rezamos tan felices, y nos pusimos unas piedrecitas dentro de los zapatos para sacrificarnos. Queríamos consolar, contentar y alegrar mucho a Jesús.

En una fiesta nos dijo la Madre, hoy vais a tener un regalo: vais a estar delante de Jesús Sacramentado un cuarto de hora cada una, con el velo blanco y el uniforme. Tenéis que estar mirando con mucho amor la Sagrada Forma, allí está Jesús que tanto nos ama.

Estaba yo deseando que me tocara el turno, cuando me avisaron y ayudaron a poner el velo, qué emocionada y contenta estaba, me dije a mis adentros tengo que estar todo el rato nada más que mirando la Sagrada Forma, con todo amor y así lo hice, lo recuerdo como si fuera ahora. Quizás el Señor siempre tan amante de sus criaturas viendo mi infantil ilusión en adorarle me dio el grandísimo regalo de ser un día Misionera del Santísimo Sacramento y María Inmaculada, nunca agradeceré bastante tan gran don.

A los siete años hice la Primera Comunión. La Madre María nos preparó con mucho cuidado, nos hablaba y explicaba la vida de Jesús, como debíamos de llevar el alma bien limpia, el mismo día de la Primera Comunión nos preguntó si necesitábamos confesarnos, y yo pensé un poco y me pareció muy bien confesarme, recordé que había ofendido al Señor diciendo una mentira. Quería tener el alma bien limpia como nos enseñaba nuestra Profesora.

Aunque era pequeña sabía muy bien que iba a recibir a Jesús y estaba feliz, ya me había enseñado la Madre María que tenía que pedir por mis papás, por mis hermanas, para ser buena, por las Madres del Colegio, en fin, por todo el mundo. No sé si fue entonces o más tarde, que después de decirle a Jesús todo lo que me habían enseñado yo le decía al final *Jesús que sea Tuya y de nadie más*, así en todas las comuniones año tras año. Creo que fue el Espíritu Santo el que con tanta bondad me iluminó para pedir tan gran petición, sin saber bien lo que pedía. También me hacía ilusión el vestidito blanco, una sencilla túnica que me hicieron en casa. Mi madre había sufrido mucho con la muerte de su padre, nuestro querido abuelo y no tenía muchas ganas de fiestas. Así que todo fue muy sencillo. Lo que sentí es que por la tarde ya no me pusieron el vestido blanco que tanto me gustaba y largo, además. Le dije a mamá: si algún día "yo tengo niños" les dejaré llevar el vestido todo el día. Mi mamá me miró con cariño yo creo que un poco sorprendida y me pareció que ella también asentía a mi infantil deseo. Veo ahora que ya se vislumbraba, en mi carácter, la aspiración a que las personas vivieran confiadas, comprendidas, felices, que amaran a Dios, pero libres, que fueran responsables de sus actos, sin prohibiciones, escogiendo por ellas mismas con responsabilidad lo mejor, ayudándolas a que se dieran cuenta por sí mismas, de lo bueno que es cumplir el deber con amor y fidelidad.

Colegialas de primera comunión,
no está Carmen

Después de haber hecho la Primera Comunión, las Madres nos enseñaban a confesar cada semana, en el mismo Colegio, nos decía la M. María: no tengáis miedo, Jesús Siempre perdona, quiere mucho a los niños, procurad confesar el pecado que más os cuesta el primero. Así lo procuraba hacer, íbamos tan contentas todos los sábados por la tarde, entonces teníamos la fiesta el jueves por la tarde. Mientras esperábamos, pues éramos muchas niñas, la Madre nos hablaba y nosotras le preguntábamos cosas. Un día, se ve que hablamos del infierno, vimos un reloj que decía abajo "para siempre, para siempre" y una escalera que representaba los diez mandamientos. Se veía rota y que caían personas al pasar y abajo había fuegos y animales horribles. A mí me hizo mucha impresión y daba vueltas con ello a mi cabeza. Cuando llegué a casa, le conté todo a mi madre y le dije: cuando estemos en el Cielo, verdad mamá, que podremos ponernos a pedirle a Jesús que perdone a todos los del infierno, y así no habrá más infierno.

Y estarán gozando con Jesús. No podía soportar el que unos hombres y mujeres estuvieran sufriendo lejos del Señor. Mi madre me miró y me acarició, no recuerdo lo que me contestó.

Siempre iban a buscarnos al Colegio, aquel día no había ido a clase Montse, hubo un malentendido y no venía nadie a buscarme. Como las niñas internas rezaban el Santo Rosario después de las clases me llevaron a la Capilla para que rezara con ellas mientras esperaba y vinieran por mí. Ese día hice una diablura, se me ocurrió nada menos que rezar lo mismo que rezaba la Madre del Colegio en vez de contestar Santa María Madre de Dios… como nos tocaba, y así siguieron todas las niñas rezando lo que le tocaba a la religiosa. Al fin se dio cuenta y dijo 'nos hemos confundido'. A mí me hizo gracia, había conseguido lo que quería. Suerte que tenía tanta ayuda en casa y en el Colegio para comportarme bien y darme cuenta de que lo que hice creo que no agradó nada a la Santísima Virgen, y me arrepentí de ello. El Santo Rosario hay que rezarlo con tanto amor, con el corazón como ELLA nos enseña, cómo me arrepiento de haber rezado tantos Rosarios distraída o a lo mejor distrayendo a los demás.

No sé, querido lector, si te estoy cansando con tantos detalles, de mis años infantiles, estos recuerdos me quedaron tan grabados y voy dejando muchas cosas pues sería demasiado largo y a quién le pueden interesar estas cosas.

En los años que siguen hasta los 10, los veranos los pasábamos en la casa de Llívia, en donde vivía nuestro abuelo paterno, junto a su casa estaba la nuestra, él vivía con su hija menor, nuestra tía Rosita que estaba casada y tenía dos hijos entonces, Pepito y María, más tarde vino Pilar. María era de nuestra edad y se unía a nuestros juegos infantiles, qué bien lo pasábamos, cómo corríamos por aquellos campos, jugábamos a la pelota, muchas veces íbamos a la "Fuente del Azufre" con nuestra madre, hermanas y amigos, merendábamos y tomábamos el agua que tenía un fuerte olor y sabor de azufre, nos daban anises que nos gustaban mucho y contrarrestaban el fuerte sabor.

Cómo disfrutábamos de las cosas tan hermosas que el Señor nos regalaba y siempre en familia muy unidos todos, pienso ahora que

Fuente del azufre

muchas veces no supe agradecerle tanto don y tanto amor por parte de nuestro Dios, por eso ahora quiero agradecerle la más pequeña cosa que me concede y son tantas, quiero ser muy pero muy agradecida.

Este pueblo estaba ubicado en plenos Pirineos, con gusto dejábamos el calor y humedad de Barcelona, para disfrutar de aquellas altas montañas y campos de trigales. Allí se estaba tan bien junto al Segre con unos aires tan limpios y frescos.

Un verano organizamos una fiestecita para los niños amigos, con teatro y todo preparado por nosotras, pasamos una tarde feliz entre risas y aplausos. Todos tenían que pagar su entraba, que después se destinó para una mujer que vivía sola y con dificultades. Todo lo que recogimos se lo llevamos muy contentas, ella no esperaba nuestra visita y lo agradeció mucho. Nos dijo: con lo que me habéis dado tengo para comprar la leña para todo el invierno.

En el verano de 1936, vinieron a Llívia, nuestros tíos Consuelo y Antonio con su hija Mercedes, que era un poco más pequeña que Montse. Nosotras nos pusimos tan contentas, a los niños le gustan las novedades, quisieron venir para celebrar con nosotros la Fiesta de la Virgen del Carmen. Poco pensaban nuestros padres y nuestros tíos lo que se estaba preparando en España, precisamente ese día estalló el Movimiento Nacional. Este acontecimiento cambió por completo nuestra vida familiar y la de tantos hermanos nuestros, tiempos de sufrimiento y dolor para muchas familias. Los tíos al ver el cariz que tomaban los acontecimientos y el panorama nacional tan negro, decidieron volver antes de lo que pensaban a Barcelona, para reunirse con sus otros hijos. Montse y yo insistíamos que dejaran a Merceditas unos días más, pero prefirieron irse todos juntos. Y desde luego fue lo mejor que pudieron hacer ya que la guerra duró tanto tiempo.

Papá estaba en Barcelona en sus trabajos con nuestra hermana mayor, Consuelo, que se estaba preparando para las oposiciones de

Magisterio. Al principio todos creían que era asunto de poco tiempo, pero las cosas que iban sucediendo presagiaban algo nada bueno y además antirreligioso. Nos enteramos que a papá lo llamaron por la radio para que se presentara él o su hija mayor. Entonces decidió no presentarse e irse con Consuelo a Puigcerdà, quería saber cómo estaban sus hermanos y si a ellos no les había pasado nada. Después de reunirse con mamá y nosotras en Llívia, al ir a coger el tren, el miliciano que revisaba los papeles retuvo a papá y le dijo: Vd. no sale de aquí y dejó pasar a Consuelo. En un descuido del miliciano papá corrió hacia el tren en el momento que estaba a punto de salir, mamá sufría por ellos, rezaba mucho y nos hacía rezar, seguro que sus fervorosas oraciones llegaron al Señor y libró a nuestro buen padre de la cárcel y seguramente de que lo fusilaran. En el tren encontró unos amigos y le explicaron que su hermano Salvador, nuestro tío, se había escapado a Francia y su otro hermano, tío José estaba en la cárcel, pero como tenía la madre de su mujer muy mayor y enferma, lo dejaron salir a los pocos días con la condición de que diariamente tenía que presentarse en el cuartel.

Los tres hermanos Piguillem eran muy conocidos en Puigcerdà y mi padre comprendió que corría riesgo de que lo detuvieran allí y pensó no llegar a Puigcerdà, decidió irse a Francia. Se lo comunicó a

Consuelo y le dijo que pidiéramos mucho, que cruzaría los Pirineos y trataría de llegar en dos días a Esteba el pueblo francés más cercano a Llívia. Papá conocía muy bien aquellas montañas pues había dirigido la restauración de una parte del Santuario de Nuestra Señora de Nuria, así que, al acercarse a la Molina, llegando a la Estación cuando estaba con poca velocidad saltó del tren y empezó su calvario.

Montse y yo no entendíamos mucho la gravedad del momento, veíamos a mamá y a las hermanas mayores preocupadas, que rezaban mucho y nosotras también nos uníamos para rezar el Santo Rosario. Consuelo llegó a Llívia y contó todo lo que les había ocurrido. Cuánto le tocó sufrir a nuestra querida madre tan dulce y buena como era.

En esos primeros días de la revolución mi padrino me dijo, no sé si era para oírme, no sabes Carmen que están llegando de Rusia, para ayudar a los milicianos, tanques, armas de todas clases y hasta soldados. Le miré con firmeza y le contesté sin titubear, fíjate padrino, en un vaso lleno de agua le pones aceite y sube, no se queda abajo así son las cosas de Dios, Dios siempre vence porque busca el bien de todos, más o menos fue algo así, mi padrino quedó callado, seguro que se quedó pensando. Tenía toda la confianza en que vencería el Señor. También una niña de la misma calle me dijo: Carmen, si ganamos nosotros la guerra, os mataremos a todos y si ganáis vosotros haréis lo mismo con nosotros. Al terminar la guerra se lo recordé y le dije: ves no hay que matar a nadie, Dios nos quiere a todos, quiere que seamos hermanos.

Pasados los días que nuestro padre había dicho estaría en Esteba, mis hermanas se prepararon para ir a verlo, yo pedí que me llevaran que quería ver a papá, como no era muy lejos me dejaron ir con ellas. La verdad con todos esos acontecimientos a pesar de ser pequeñas estábamos con ansia de enterarnos de todo, mirando las caras de los mayores para adivinar sus preocupaciones ya que muchas cosas no nos las querían decir. Pronto llegamos a Esteba a la dirección que le había dado nuestro padre a Consuelo. Cuando salió papá, ¡Qué impresión me llevé! Estaba con un traje que le habían prestado, le estaba grande, el suyo estaba sucio y roto, tenía la cara sin afeitar, el rostro de haber sufrido mucho, casi no lo conocía ¡qué dolor! Nos dijo: por poco os quedáis sin papá. Lo abrazamos y creo que lloramos al verle tan sufrido, deseábamos oírle contar todo lo que le pasó. Empezó a contarnos las peripecias que había pasado, y cómo Dios le había librado de una muerte segura. Al empezar a subir las montañas, de pronto muy cerca de él, vio una gran tienda de campaña con cañones, no pensó encontrarse con aquello, nos dijo me encomendé a Dios y empecé a rezar al "Señor mío Jesucristo", fue dando la vuelta a la montaña reculando sin dejar de mirar la tienda de campaña y así poco a poco se fue alejando, y cogiendo el camino para el pueblo de Esteba, se le fue haciendo de noche y tuvo que resguardarse en unas piedras. Al amanecer se le acercaba un águila, con una navaja que tenía la alejó, no tenía nada para beber y comer, sólo un poco de salchichón muy duro que aplastó con una piedra y pudo comerlo, así llegó al pueblo y pudo dirigirse a la casa de unos amigos que tenía en ese pueblo francés, esa familia amiga lo acogió muy bien. Lo consolaron y dieron de comer, pudo desahogarse y descansar, siempre que lo recordaba nos decía lo agradecido que estaba, cuánto bien le hicieron en esos momentos de dolor.

¡Cómo el Señor y su Madre Santísima cuidan siempre de los suyos! Pienso, ahora, en el Santo Rosario que rezábamos todos los

días después de cenar y nuestro padre nos daba ejemplo y se interesaba para que no faltara nadie de la familia; fue lo que le socorrió y dio fuerza en tantos peligros en los que se encontró. La Santísima. Virgen le orientó y cumplió la promesa que ha hecho a los que rezan su rosario, **los protege de todos los peligros.**

El tío José viendo cómo iban encarcelando a muchos amigos suyos, gente buena y trabajadora, pensó pasarse a Francia también. Pidió permiso para ir a Llívia a ver a su padre enfermo, milagrosamente el jefe de los milicianos le dio el permiso y él se pasó también, así que los tres hermanos se encontraron en Dorres, otro pueblo francés, en donde vivía la familia de nuestra tía Mary. Eran sucesos tan fuertes los que vivimos esos días que en mi mente infantil se quedaron grabados profundamente. Y cuántas gracias he dado al Señor y a la Madre por su especial protección en todos esos años de exilio. Muchos que intentaron pasar los Pirineos para escaparse no consiguieron llegar a Francia.

En vez de acabarse la contienda como se esperaba, vimos con dolor que los milicianos entraron en la Parroquia y destruyeron todas las imágenes y, aunque con dificultad, tiraron abajo el precioso retablo gótico que era la admiración de todos los turistas. Los franceses intentaron comprarlo varias veces, pero el Sr. Párroco nunca quiso venderlo, por su elevado valor artístico.

Como en Llívia ya no se celebraba la Santa Misa, mis hermanas mayores y yo íbamos los domingos a los pueblos franceses cercanos, ahora quiero recordar dos episodios sobre la Santa Misa que me hicieron mucha mella.

Cuando cumplí los siete años, mi madre me llamó para ir con ella a la Santa Misa, se ve que yo estaba muy bien en la cama, además veía a Montse en la otra cama durmiendo plácidamente y le dije mamá tengo sueño, mucho sueño, mi madre no me dijo más que ¡Carmen! pero cómo me lo diría, con qué bondad y delicadeza, que en aquel ¡Carmen! entendí tantas cosas, que le contesté rápidamente sí me levanto y salté de la cama. Más de una vez he pensado que si mi madre me hubiera dejado en la cama, con un amor mal entendido, pensando que era pequeña, no hubiera dado tanta importancia en mi vida a la Santa Misa, quizás muchas veces hubiera dejado de asistir por sentirme cansada o por cualquier otra excusa. Lo que vale en la infancia tener unos padres tan cumplidores de sus deberes cristianos y que valoran tanto las cosas de Dios. Cuántas gracias doy al Señor por haberme concedido tales padres. Con esa formación recibida, una vez una niña me dijo, cuando estábamos veraneando; mañana domingo no podré ir a Misa pues tengo los zapatos para arreglar. Yo me quedé parada y le dije: pues mira yo iría, aunque no tuviera zapatos, iría descalza. Nos inculcaron bien con su ejemplo y palabras la importancia de

ser fieles a los mandatos del Señor y de la Santa Iglesia. Es verdad que muchas veces he estado distraída y siendo pequeña me entró risa una vez y distraje a todos los que asistían, mucho me arrepiento de tantas indelicadezas como he tenido cuando el Señor nos dio tan gran Sacramento y nos alimenta haciendo a diario el milagro de los milagros dándonos su Divino Cuerpo y Sangre. Perdón por esta digresión, pero es tan importante ahora para mi este divino Sacramento que todo me parece poco para prepararme y tratar, en mi pequeñez, de asistir muy conscientemente y de vivirlo. Como también de ayudar a las personas animándolas a que puedan saborear y gozar de tan gran Sacramento.

Papá y los dos tíos encontraron trabajo en Font-Romeu, un pueblo francés que por estar en un punto estratégico de los Pirineos era una estación de esquí famosa a la que van muchos esquiadores. Mi padre me imagino que, temiendo nos pasara algo a nosotras, envió algún recado, no sé bien como fue, pero quería que en seguida fuéramos con él a Francia. Montse y yo nos pusimos muy contentas pensando conocer cosas nuevas, pero a nuestra pobre mamá le costaba salir pues en Barcelona lo habíamos perdido todo. Mi padre insistió muy seriamente, y ya nos vimos en la carretera camino del exilio. Como no podíamos llevar maletas nos pusimos ropa encima, todo doble y de verano que es lo que teníamos, así los gendarmes no sospecharían que nos queríamos pasar a vivir a Francia. Llevamos un poco de merienda. Íbamos caminando todas, las cinco cogidas del brazo, mamá con un poco de susto y calladas. Al vernos los gendarmes franceses nos pararon preguntando a dónde íbamos, mis hermanas mayores les contestaron, que de merienda a pasar la tarde juntas, como vieron tanta gente joven se rieron y nos dejaron pasar. Qué poco pensábamos entonces lo largo que iba a ser nuestro destierro. Mucha alegría tuvimos al encontrar de nuevo a nuestro padre. Nos dirigimos al hotel en que íbamos a vivir. Tenía ese hotel unos pisos sencillos que tenían todo y una habitación un poco grande en la que dormíamos todos, las dos pequeñas dormíamos en un colchón en el suelo, después ya se consiguió otra cama. Lolita en seguida se fue a Perpiñán y, como siempre, se espabiló y encontró trabajo en esa ciudad.

Papá seguía trabajando allí, por las noches cuando llegaba a casa, con todo interés oía la radio francesa que daba noticias de España, siempre con la esperanza que se terminara la guerra, pero seguía y seguía. Un domingo fue a casa de un sacerdote español y allí se reunieron varios amigos españoles también refugiados, no sé cómo, pero yo fui con mi padre y les oía lo preocupados que estaban y alguno decía que para Navidad a lo mejor se habrá acabado todo, hay que rezar mucho, etc. Siempre todos con ese deseo de poder volver a nuestros hogares. Cuando llegamos a casa se lo conté todo a mamá, me parecía tan importante y quería que lo supiera. Mi padre dijo dirigiéndose a mi madre, qué niña no se ha dejado nada, le sorprendió ver que me había enterado de todo. Es verdad, lo niños se enteran de muchas cosas por eso hay que tener tanto cuidado al hablar delante de ellos, y que sean cosas buenas y útiles las que oigan.

Un día papá vino cansado del trabajo, pero así y todo puso la radio para enterarse de las noticias que daban en Francia de la guerra

de España. No sé cómo fue, Montse y yo empezamos a hacer ruido
a hablar y él tenía todo el interés de
oír la radio que era pequeña, no tenía mucha potencia y había que
estar atentos para enterarse, además
con la desventaja de ser otro idioma, con nuestro ruido no le dejábamos oír bien. Se enfadó con nosotras y se le ocurrió a mamá decir
han estado toda la tarde tan tran-
quilas y muy bien. Contra su costumbre, pues nunca nos había pe-
gado, como estaba nervioso cogió a
Montse que la tenía más cerca y no
era tan movida y más dócil que yo,
le dio dos azotes. Total, nada, pero

Papá con Montse

no sé cómo a mí se me ocurrió correr alrededor de la mesa, mi padre
no conseguía cogerme, dimos varias vueltas, yo era muy ágil, se can-
só de dar vueltas, vio una caja de costura que había por allí encima y
me la tiró, me dio en la pierna y me hizo daño. Así terminó esa tarde,
nos fuimos a la cama llorando las dos.

Es la única vez que nuestro tan buen padre nos pegó y de verdad
que tenía toda la razón de enfadarse, cuando una es mayor se da
cuenta de lo mucho que se sacrifican los padres y lo que tienen que
sufrir y no se les agradece como se merecen. Siempre me acuerdo de
este episodio y me duele mucho haberme portado tan mal.

Papá con los tíos terminaron el trabajo en Font-Romeu y pensaron irse a España, pues el horizonte que se vislumbraba no era claro
y la contienda seguía implacable. Allí buscarían trabajo, se fueron a
San Sebastián donde había muchos catalanes y algunos conocidos.
Entonces con mamá y todas nosotras fuimos a Dorres. Este pueblo
era muy distinto de Font-Romeu que, como he dicho, era un lugar

de turismo y ya en aquel entonces había muchos hoteles. Dorres, en cambio, era una zona agrícola con grandes caseríos con extensos campos y animales ganado vacuno, ovejas, gallinas conejos, etc. cada caserío era como un pequeño pueblo. Vivía la familia y sus trabajadores con sus familias en otras sencillas casas. En el caserío tenían prácticamente de todo para su consumo y para vivir muy bien, por eso no había tiendas en ese pueblo. Venían de vez en cuando coches con pescado y otros alimentos y ropas.

Vivía allí en un gran caserío, el hermano de nuestra tía Mary que estaba casada con el hermano más pequeño de nuestro padre, el tío Salvador que era muy simpático. Todos los sobrinos pequeños le buscábamos y le queríamos, le gustaban mucho los niños. Recuerdo ahora que un día estando todavía en Barcelona tendría yo unos cuatro años que me subió a una silla y me dijo: a ver, Carmen, si sabes cuántos dioses hay, yo en seguida levanté la mano y un dedo tan contenta de haber contestado a la pregunta y él me dijo: no, son tres, me quedé perpleja y levanté la vista hacia mi madre para que me sacara del apuro, ella me dijo con señas que sí que era uno, él se echó a reír y me dio un beso diciéndome que era UNO, que lo había dicho bien. Pero que también eran Tres Personas. No entendí bien lo que todo esto significaba, pero me quedé con lo importante en aquella edad, era que sólo hay un Dios y que nos quiere mucho.

En Dorres, la familia de nuestro tío José María ya se había instalado en una casa, bastante amplia y de buena construcción, de un amigo de mi padre que la dejaba mientras siguiera la guerra para nuestras familias. Como la familia de mi tío José María era grande, pues vivía con su esposa, cuatro hijos, una hermana de su esposa y su suegra, nosotras con mamá fuimos a vivir a una casa mucho más pequeña y sencilla, pero tuvimos la suerte de estar muy cerca de la Iglesia.

Más tarde llegó la familia de mi tía Mary ellos fueron a vivir en el hermoso Caserío de su hermano. Toda una odisea. Las tres familias Piguillem desplazadas.

Lolita, siempre arriesgada y valiente, fue a Perpiñán a trabajar con un matrimonio mayor francés, pronto se los supo ganar, ellos al verla tan cariñosa, noble y trabajadora, la llegaron a querer como a una de la familia y eso en tan poco tiempo. No se contentó con trabajar solamente allí, quería ayudar más a mamá para que no nos faltara nada. Se le ocurrió pedir a la señora si le permitía salir un rato por las tardes para coser en casa de unos conocidos de Barcelona. A Lolita le gustaba mucho coser sobre todo chaquetas de sastre, cosas difíciles y antes de sus 20 años ya había conseguido el título de Profesora del Corte Martí, con Matrícula de Honor, a Montse y a mí siempre nos hacía los vestidos, a la gente les gustaban mucho y nosotras tan contentas y felices decíamos que nuestra hermana nos los había hecho.

El salir unas horas por la tarde le pareció bien a la señora pues era muy buena y religiosa. Y veía que Lolita cuando salía por la

tarde ya lo había dejado todo bien arreglado. Consuelo también muy pronto encontró trabajo en un Colegio francés, que tenían internado y se defendía muy bien hablando francés con las niñas y religiosas.

Una vez instaladas en la nueva casa, empecé a ir a la Escuela del pueblo. Era una Escuela Unitaria, la Profesora tenía verdadera vocación de enseñanza, nos hacía trabajar a todos y en silencio, desde los más pequeños de seis y siete años a los mayores de 13 y 14 años. Nos hacía la clase agradable, cuando nos veía cansados nos enseñaba a cantar canciones lindas que todavía recuerdo y a recitar poesías. Yo iba con mis primas Carmen y Teresa. Montse iría más tarde en primavera cuando pasara el invierno. Estos pueblos que no estaban lejos de Llívia, en plenos Pirineos, nevaba mucho en invierno. Nos gustaba ir a la Escuela y poco a poco íbamos aprendiendo francés. Nuestra prima Teresita que, era la más pequeña de las cuatro, tendría entonces 8 años, un día la Profesora nos dijo a todos los alumnos: Teresa es la que mejor lee francés de toda la clase. Y nosotras llevábamos pocos meses asistiendo a la Escuela.

A mí se me daba muy bien hacer figuritas con la arcilla que un día a la semana nos daba por la tarde. Me gustaba inventar diferentes cosas y a la Profesora le gustaban, me animaba, siempre me decía algo estimulándome. Cuando ya Misionera tuve que dar clase, aquello no lo olvidé y también procuraba estimular a las niñas y que estuvieran felices en la clase.

Un día nos explicó algo de química y nos habló de las ventosas, lo encontramos muy original que al poner el vaso en el cuerpo se hinchara la piel y llenara el vaso. Invitó si alguno se ofrecía para que todos lo vieran. En la clase había muchachos fuertes, altos y creo que todos los mirábamos con interés a ver cuál se ofrecía para hacer tan curiosa experiencia, pero había un silencio sepulcral y nadie se movía. En vista de esto me levanté y me fui cerca de la Profesora levantándome la manga para que empezara a hacer la experiencia, Yo era delgada a esa edad y mis brazos delgadísimos, no sé lo que le pasó a la Profesora, pienso ahora que al ver mi brazo cambió de parecer y dio una excusa, haría la experiencia otro día. Pensando

La familia completa

ahora por qué me levantaría, creo que quizás por no defraudar a la Profesora, me daba pena que no pudiera hacer lo que deseaba y también quizás por hacerme la valiente ya que nadie se levantaba. Entonces no tenía costumbre de ver las intenciones, las motivaciones por las que se hacen las cosas, pero qué importante es analizarse con serenidad, con verdad y buscar hacer la cosas por Dios y por amor a los hermanos. Tengo que pedir perdón al Señor pues cuántas cosas he hecho en mi vida sin analizarlas debidamente buscando sólo el agradar, ayudar, consolar a los hermanos. Pensando hacer el bien y era Jesús el que se dignaba a obrar en mi pobreza.

El Párroco que teníamos en el pueblo era un joven muy agradable. Nos apreciaba mucho, asistíamos a la Santa Misa todos los domingos y fiestas, íbamos al Santo Rosario, novenas, hablábamos con él, siempre llenábamos los primeros bancos de la Iglesia, que no era muy grande. Debido quizás a las distancias y al trabajo no asistía mucha gente de los Caseríos.

Don Andrés y
Doña Carmen

Nosotras con mamá vivíamos muy unidas. Nuria, gracias a Dios se había recuperado mucho. Mamá siempre tenía un cuidado especial con ella, había estado tan malita. Así y todo, echábamos de menos nuestras hermanas mayores y al papá que estaba tan lejos. Les escribíamos cartas y rezábamos para que se terminara la guerra.

Un día vi que a mamá se le caían las lágrimas, me quedé muy triste y le pregunté si se encontraba mal. Me dijo que no podía encender el fuego, no tenía astillas y el carbón no se encendía. Nunca se quejaba de nada, era tan buena y delicada. Cuánto tuvo que sufrir todos esos años, con nosotras pequeñas aún, no podía desahogarse con nadie, las hermanas que siempre habían sido su apoyo, estaban lejos. Al ver lo que le faltaba le dije que no se apurara que ahora mismo iría a un caserío a buscarlo. Me dio un poco de dinero para comprar huevos. Salí corriendo, en el camino pensaba en los grandes perros que tienen esos caseríos, pero seguía adelante, al llegar topé con los perros, lo que me temía, pero el Señor es tan bueno que la casera salió en seguida y les hizo callar. Ella desde lejos me animaba diciendo que no tuviera miedo y pude pasar tranquila.

Hacía frío y ellos tenían un gran fuego en una sala grande, me hizo sentar junto al fuego y me preguntó ¿Qué quería? Entonces empecé a hablar. Mi mamá no tiene cerillas, ni papel para encender el fuego, mi mamá no tiene astillas tampoco y el fuego no se le enciende. Me hizo un bocadillo con jamón y me dijo mientras te lo comes yo iré a buscar las cosas que necesita tu mamá. Guardé el bocadillo y me dijo, ¿por qué no comes? Le dije: lo guardo para comérmelo con mi mamá y hermanas, era muy grande, entonces me dijo cómelo tú ahora, que ya prepararé para tu mamá y hermanas. Cogí confianza al verla tan buena que le seguí diciendo tampoco tiene mi mamá muchas patatas, ni cebollas, mi mamá tiene muy pocas cosas y ella me fue llenando la bolsa y me dijo que ya nos mandaría de todo pues yo no podía llevar tanta cosa. Era muy buena gente. Los meses que estuvimos allí nos ayudaron mucho y recuerdo que cuando ya estábamos en Barcelona mamá nos dijo un día, si pudiera les enviaría un buen regalo, para agradecerles lo bien que se habían portado con nosotras.

A los ocho meses de estar allí los franceses pusieron para los españoles un tren gratuito que nos llevaría a Hendaya, la frontera española. Vinieron Consuelo y Lolita, qué gozo volverlas a ver. Ellas con mamá prepararon todo lo que teníamos, que no era mucho, para el viaje. Con alegría volvíamos a nuestra España. Aunque también sentimos dejar nuestros buenos amigos franceses. Cuántas emociones. Al llegar a Hendaya, nuestras hermanas y tía arreglaron los papeles y pasaportes todo lo necesario para viajar a España. Cogimos el tren que nos llevaría a San Sebastián y allí encontramos a nuestro buen padre y tío José, cuántos abrazos, cuánta alegría. Cogimos un tranvía que nos llevó a Lasarte, un pueblo muy cerquita de San Sebastián. Esa sería nuestra nueva morada.

Posteriormente nuestro tío José con toda su numerosa familia, se fue a una casa que se les había preparado y papá nos llevó a la casa que había alquilado. Estaba amueblada. La dueña se reservó para ella una habitación y solamente iba a dormir. Se llamaba Ángeles, era muy amable y discreta. Siempre estuvimos muy bien con ella, pronto nos hicimos amigas.

Foto. Macías Muñoz Olga.
Universidad País vasco

Mi padre y los tíos transformaron el hipódromo, que no estaba lejos del pueblo, en un aeropuerto. El campo de batalla no estaba lejos. Entre los árboles había preparado un cañón. Un día con Consuelo íbamos paseando y entre los árboles nos encontramos el cañón, estaban allí dos soldados y al vernos dijo uno, mira viene la Virgen con dos angelitos, cómo se ve ahora que la guerra nos acercó al Señor, los soldados también participaron de esa transformación religiosa más cerca del Señor. Nos dijeron que no nos acercáramos mucho pues el cañón estaba cargado, Bilbao tardó en ser conquistada pues estaba muy fortificada. Y la teníamos bastante cerca.

Con mis primas empezamos a ir a la Escuela del pueblo. Montserrat se quedó en casa pues era más pequeña. Consuelo daba clases particulares y Montse asistía a sus clases, terminé yo al año siguiente también quedándome en casa. Consuelo era muy buena Profesora y aprendimos mucho con ella. Nuestra tía Carmen nos daba clases de dibujo. Con ella íbamos a recoger leña, y manzanas del suelo. Algunas veces yo cogía del árbol para comérmelas, me gustaban un poco más verdes. Le conté a mamá que habíamos ido a confesar una fila de niños diciéndole todos al Padre que habíamos robado manzanas, qué paciencia para los sacerdotes. No recuerdo bien lo que nos dijo, pero seguro que nos diría que teníamos que ser buenos y respetar lo de los demás, eso quería hacer yo, y creo que lo mismo todos, pero al ver tantas manzanas tan buenas caía de nuevo en la tentación. Como la guerra se estaba prolongando muchas familias de Cataluña que estaban en Francia fueron llegando a San Sebastián y allí empezaron, al poco tiempo, pequeños negocios. Lolita como era muy ingeniosa y muy simpática en seguida encontró casas en Sebastián de familias conocidas de Barcelona y cosía, su deseo era ayudar a la casa económicamente pues íbamos sin nada, emigrantes de verdad. Nuestro padre también trabajaba en la construcción que era lo suyo y tenía que desplazarse. Recuerdo que nos enseñó una estampa que había quedado del Sagrado Corazón en su habitación en la que cayó una bomba, gracias a Dios no estaba ni él ni sus hermanos. Siempre el Señor nos protegía.

Con Montse, nuestras primas y amigas, organizamos una velada, en beneficio de los soldados que estaban en el frente. Todos los niños y niñas conocidos vinieron a ver el teatro. Reunimos unas cuantas pesetas y céntimos. No recuerdo bien cuánto fue, en realidad muy poca cosa. Al día siguiente lo llevamos a la Comandancia y nos hicieron pasar para que se lo diésemos al comandante, quien nos recibió muy bien y al enterarse de la razón de nuestra visita, creo que le emocionó y le hizo mucha gracia ver y recibir nuestro pequeño óbolo dedicado a los soldados que estaban en el frente. Nos dio las gracias, elogió la buena idea que habíamos tenido y sobre todo por habernos acordado de los soldados. Nos despedimos y nos fuimos tan contentas a casa a contárselo a nuestra madre.

Como me había ofrecido para ayudar a la Parroquia, el Sr. Párroco me asignó un grupo de niñas para que les diera catequesis.

Y yo tan feliz, una vez a la semana nos reuníamos en las salas de la Parroquia y con el catecismo en la mano les preguntaba y explicaba lo que yo había oído de los mayores sobre todo en mi casa, en la que tantas cosas buenas había oído y aprendido siempre.

Un día nos enteramos que nuestro padre había recibido una nota de un amigo suyo que, al pasar por el campo de concentración había recogido, decía "si conocen a la familia Piguillem avísenlos que su primo Francisco está en el Campo de Concentración de Pamplona", en seguida Consuelo viajó a Pamplona para hacer los trámites para que lo dejaran libre. Al entrar en el Campo de Concentración y ver a Francisco fue grande la alegría de ambos y **hechos los requisitos necesarios pudo Francisco salir en seguida y venir a nuestra casa de Lasarte.** Tuvimos una gran alegría al saber noticias de nuestra querida abuela, tías y primos. Nuestro primo tenía 17 años y era de la quinta que llamaban del biberón, nos contó tantas cosas, cómo tuvieron que ingeniarse para pasarse al campo nacional él y otro joven que se habían hecho amigos. En el frente estaban los moros que ayudaron a Franco y los cogieron, nos dijo que les dijeron "Vosotros querer a papá Franco verdad" y después les pidieron todo lo que llevaban el reloj la cartera, jersey etc. así llegaron al campo de Concentración de Pamplona.

Poco tiempo después llegó al pueblo un matrimonio joven, Era el nuevo médico que le habían destinado y concedido la plaza del pueblo de Lasarte, a su esposa la conocimos pronto pues vivía muy cerca de nuestra casa. La veíamos que iba mucho a la Iglesia y empezó muy pronto a ayudar. Entre otras cosas, una vez a la semana daba Catequesis a las niñas mayores. Al enterarme fui a hablar con ella y en seguida a apuntarme para asistir a las clases. Quería aprender a ser en el futuro una buena catequista. Me encantaban las clases y nuestra maestra, no recuerdo su nombre, la llamaré Elena, era exigente, nos quería de verdad, y nos daba tarea para estudiar en casa, además del Catecismo, que nos explicaba muy bien, nos daba Historia Sagrada. En la clase nos preguntaba mucho, así que debíamos estudiarlo de memoria y recuerdo lo mucho que yo en casa lo repetía y repetía hasta saberlo muy bien, de Adán y Eva, de Abraham, Jacob, José, Moisés, la Virgen María, la Vida de Jesús. Todo me parecía tan bonito y tan interesante que con gusto lo estudiaba y aprendía, también recuerdo que deseaba pasar al primer puesto pues Elena para estimularnos ponía puestos y quizás por esto me esforzaba más en aprendérmelo, aunque es bueno ser estudiosa y tener interés por saber, como me pasaba a mí, pero querer sobresalir ya no es tan bueno, creo que ahí salía mi amor propio, entonces no lo comprendía, más adelante me di cuenta de cómo la Virgen María era humilde y sencilla, Ella sería en adelante mi ejemplo, mi modelo y mi Maestra.

Un día Elena nos dio una noticia que nos alegró mucho a todas las niñas. Nos dijo que el próximo día de catequesis nos llevaría a un Convento de Religiosas que tenían el Santísimo Expuesto y que acompañaríamos a Jesús adorándole y alabándole por su gran amor para con nosotras queriéndose quedar y no dejarnos solos, después nos leería el Evangelio y nos quedaríamos un ratito en silencio. Yo, como siempre, al oírlo estaba feliz, me gustaba conocer cosas nuevas y visitar un Convento me alegraba y más acompañar a Jesús Sacramentado. Recuerdo como si fuera ahora que algunas niñas se arrodillaron en los bancos de la Capilla, otras niñas nos pusimos en el suelo yo estaba no muy lejos del altar. Empezó Elena a recitar algunas oraciones, después cantamos y a continuación Elena nos leyó un párrafo del EVANGELIO creo que era de San Mateo, no recuerdo bien, al escuchar la PALABRA DE DIOS no sé lo que pasó en mi interior, sentí dentro de mí lo mucho que Jesús nos amaba y me di cuenta que tenía que corresponderle mucho mejor, tenía que dar un cambio en mi vida, se me caían las lágrimas al ver a Jesús en la Custodia que desde allí me miraba y me amaba tanto. No me cansaba de mirar la Hostia Santa, el tiempo se me hizo corto y Elena dejó pasar un rato, luego nos avisó para que saliéramos ya de la Capilla. Esta visita a Jesús Sacramentado me impactó mucho y allí mismo hice el propósito de ir todos los días a la Santa Misa, propósito que cumplí con exactitud, pensé que eso es lo que más le agradaría a Jesús. Fue esta la primera experiencia de Dios que tuve, la cual quedó bien grabada en mi ser y el amor a Jesús y a la Santísima Virgen crecieron lo mismo que el deseo de ser buena en casa y con todos.

Tenía unos 12 años. Ahora que lo escribo y recuerdo, con emoción veo lo mucho que le debo a Jesús, qué delicado su amor, qué bondad y qué paciencia ha tenido conmigo a lo largo de toda mi vida.

Al poco tiempo caí enferma no sabía bien lo que me pasaba, al comer devolvía todo; llamaron al médico, era joven con poca experiencia por lo que recuerdo se ve que no tenían mucha confianza pues no lo veían seguro en lo que decía, pasaban los días y yo seguía devolviendo, mamá estaba preocupada y, después me contaron mis hermanas, lloraba. Creo que fue Lolita la que habló en San Sebastián con una de las familias en la que cosía y le dieron la dirección de un médico de Puigcerdà conocido de la familia de mis primas que estaba también refugiado

Las cinco hermanas

en San Sebastián. Le avisaron y vino a Lasarte a visitarme, en seguida se dio cuenta de lo que me pasaba y explicó que se me había contraído el píloro, por eso el estómago no recibía nada, sino que antes lo devolvía. Recetó un medicamento propio para estos casos de obstrucción y dijo que tenía que comer muy despacio, una cucharadita cada vez y casi en un cuarto de hora. Mamá hizo todo lo que había explicado el Doctor, la comida me iba sentando bien y poco a poco comencé a retenerla en el estómago. Me repuse y seguí haciendo la vida normal. Otra llamada de Jesús para que me diera cuenta de lo poco que valemos, sin Él no podemos nada de nada. No me había dado cuenta de lo mal que llegué a estar y que podía haber muerto. Qué poco se piensa cuando se está bien que en cualquier momento nos puede sorprender la enfermedad, así nos dice Jesús en el evangelio *estad preparados pues no sabéis ni el día ni la hora.*

Y yo poco pensaba entonces en las palabras de Jesús. Me gustaba tanto jugar que descuidaba muchas veces ayudar en casa.

En frente de la Escuela que asistíamos, estaba el Colegio Municipal, estaba la Iglesia; en la hora del recreo algunas veces atravesábamos la calle con mi hermana y las primas, íbamos a rezar para que se terminara la guerra y todo el mundo pudiera ir a sus casas, rezábamos algún Padrenuestro en Cruz y alguna vez besábamos el suelo pues lo habíamos leído de algún santo que lo hacía en todos los acontecimientos, en esa edad de la adolescencia se nos grabaron con mucha fuerza y nos ayudó a acercarnos a Jesús y a la Virgen nuestra Madre. Me quedó muy grabada una Novena que asistimos para las almas del Purgatorio que dirigió el hermano del Párroco, quien predicaba muy bien. Era noviembre, el Padre nos hablaba de las postrimerías del Hombre y yo lo seguía y entendía muy bien, quedaba emocionada al oír tales explicaciones, y me veía a mí que estaba descuidada completamente y ni había pensado en ayudar a las Benditas almas del Purgatorio, había descuidado hacer sacrificios para aliviarles sus dolores y que me faltaba mucha caridad, pensaba y pensaba cuántas ocasiones había dejado y desaprovechado para ayudarlas. Tenía ya 13 años y todas esas explicaciones hicieron mella en mi vida y cómo le doy gracias a Dios una vez más por su gran bondad y paciencia conmigo. Pues ayudas no me faltaron y tuve tan buenos ejemplos en casa. Las hermanas mayores soñando en volver a Barcelona, la guerra iba adelantando. Teníamos un mapa en la pared y papá iba señalando con lápiz rojo los avances del ejército. Estaban llegando ya los soldados a Lérida, al poco tiempo tomaron la ciudad al mando del General Yagüe y se dirigían a Barcelona.

En Lasarte gracias a Dios estábamos muy bien toda la familia unida, teníamos muchos y buenos amigos, nosotros todos trabajando en lo que podíamos, la Montse y yo también ayudábamos a hacer jerséis y salta montañas para los soldados pues en las trincheras pasaban mucho frío, por las noches rezábamos el Santo Rosario, cantábamos a la Virgen, en fin, todo con mucha paz y amor, pero todos deseábamos volver a nuestra casa de Barcelona, llevábamos casi tres años fuera de nuestra patria chica lejos de nuestra abuela y demás parientes.

Por fin llegó la noticia que Barcelona había sido tomada por el Ejército y al poco tiempo las palabras que tanto deseábamos la GUERRA HA TERMINADO, cuántas gracias dimos al Señor y a la Celestial Madre. Había sido una buena purificación para España. Consuelo nuestra hermana mayor siempre valiente y decidida quiso adelantarse e ir a Barcelona, como era en los primeros días de acabar la guerra fue en un tren lleno de soldados. Quería ver como había quedado nuestra casa y arreglarlo para que detrás fuéramos la mamá y nosotras. Nuestro padre también se había adelantado y ya estaba en Barcelona.

En abril fue cuando nosotras viajamos, la Virgen de Montserrat nos llevó de nuevo a nuestro hogar, cómo dábamos gracias a Dios y a la Virgen, cuántas emociones y cuántas sorpresas, Barcelona como es natural estaba llena de escombros por las bombas, nuestra casa estaba a una manzana de Elizalde que era un arsenal de municiones y por eso desde el puerto tiraban bombas hacia ese lugar para deshacer esa fábrica. Gracias a Dios no llegó a nuestra casa, que había construido nuestro padre, ni una bomba sólo en la azotea se encontró una sin explotar, en cambio la acera de enfrente estaba toda derrumbada. Pienso que la Santísima Virgen la había guardado, pues en más de un piso de nuestra casa se rezaba el Santo Rosario diariamente y la Madre de Dios había cumplido con su palabra que cuidaría las casas y personas que rezaran el Santo Rosario.

Qué alegría encontrar a nuestra abuela, a los tíos y primos. Nos decía ella: se fueron unas niñas y han vuelto unas señoritas, era verdad habíamos crecido mucho y casi no nos conocían. Por fin estábamos en casa nos parecía imposible, habían pasado tres largos años y no sabíamos cómo dar gracias a Dios por su gran bondad, pues estábamos de nuevo toda la familia reunida. Como habíamos crecido mucho, lo mismo Montse que yo, nuestro padre pidió a una Sra. que vivía sola si se quería mudar de piso y dejarnos a nosotros el suyo que estaba contiguo al nuestro. Nuestro padre le ofreció un piso mejor y con las mismas condiciones. Comprendimos que esa mudanza, para ella a su edad ya mayor, suponía mucha cosa, pero lo arreglaron de modo que sin tener que moverse nos alquilaría una habitación y con esto nos arreglamos bastante bien.

Yo tendría unos 14 años cuando vino a mis manos un artículo explicando algo de la vida de Santa Teresita, entre otras su "Caminito". La verdad es que me encantó, y como se acercaba mi santo, pedí el libro de "Historia de un alma". Empecé enseguida a leerlo una y otra vez, y cada vez me gustaba más. Me maravillaba de la luz que recibía del Espíritu Santo. Parecía algo muy sencillo, pero me daba cuenta que ese caminito, era algo muy profundo, y como ella se acercaba cada vez más a la vida de su Amado Jesús, al Santo Evangelio.

Cuenta, como a ella le encargaron en los primeros meses, que al atardecer llevara la llave del sagrario a la madre Superiora, que la guardaba en su cuarto. Esto era común en todos los conventos.

Se puso enferma la Madre y ella, Teresita iba con mucho cuidado a llevarle la llave, como todos los días. Se encontró en el pasillo con una religiosa mayor que le pidió la llave para llevarla ella, pues creía que Teresita siendo tan joven despertaría a la enferma. No se la quiso dar pues se sentía la responsable, ya que se lo habían encargado a ella. Hablando las dos la madre se despertó y la religiosa mayor empezó a decirle a la superiora que Teresita no le había querido dar la llave, y otras excusas. A Teresita le entraron ganas de encararse, pero calló y se fue deprisa, se sentó en la primera escalera que encontró para disfrutar del fruto de su victoria primera, pensando que en el día del juicio se sabría la verdad.

Así empezó ofreciendo sus sencillos sacrificios, no dejando pasar ni uno para su amado Jesús. Pronto me ocurrió a mí una cosa parecida. Estaba en casa con una amiga que vivía en la misma casa y tenía mucha confianza. Nos dimos cuenta que mi hermana mayor, Consuelo se disponía a hacer la cena y pensamos ir a ayudarle. Tenía un pimiento grande, lo cogió nuestra amiga y empezó a cortarlo a pedazos, ver Consuelo el pimiento todo" descuartizado" pensó que era yo y se disgustó diciéndome que no lo necesitaba todo y se guardaba mejor sin cortar. Pensé disculparme y callé viniéndome como a Teresita, que el día del juicio se sabría.

Teresita cada vez ofrecía más flores de pequeñeces y sencillos sacrificios a su querido Jesús y se sentía cada vez más feliz.

También más adelante sus sacrificios eran mayores que la herían en lo profundo del amor.

Dice que su camino es de Amor y paz, aumentando en ella cada vez más sus ansias de sacrificarse y confiando, ofrecer así muchas florecillas.

Recibí muchas luces del camino de la santa y mi deseo era con la celestial Madre hacer fraternidad, comunión, unidad, tratando de comprender a mis hermanos y sacrificando muchas veces mi parecer.

No siempre lo conseguía, pero así se lo pedía a Jesús que me ayudara siempre para consolarle y conseguir almas, todo para <u>Él.</u>

Desde luego comprendí después que era una realidad, era Él el que lo hacía todo. Ya en la Congregación nuestra Beata Madre Fundadora mucho me enseñó y me enseña, pues en su vida tuvo grandes pruebas y sacrificios que con valentía y amor ofrecía con alegría a Jesús. Su fuerza la recibía de la Divina Eucaristía que adoraba con gran fervor y lo recibía diariamente llena de gratitud.

Así pues, una vez bien instaladas de vuelta en Barcelona, en seguida buscamos la Parroquia y no tardaron algunas personas piadosas, adictas a la iglesia junto con el Sr. Párroco, en improvisar unos Bajos con lo indispensable y en seguida empezó a celebrar la Santa Misa. Qué emoción sobre todo para las personas mayores. Eran tres los años que habían pasado sin poder recibir la Divina EUCARISTÍA y entonces la calle Valencia, esquina Provenza, qué triste estaba sin poder ir a visitar al Rey y Señor nuestro.

Al escribir sobre la guerra me vienen a la memoria ¡tantos recuerdos! y uno de ellos es ver en mi mente a nuestra querida M. Amada, para entonces yo ya era Postulante.

Los jueves regularmente nos contaba cuando volvía de los viajes visitando las Casas, las peripecias que tuvo que pasar para llegar a Madrid y luego a Barcelona, pues quiso irse en seguida para ver cómo habían quedado las casas que la congregación tenía en estas ciudades. En Barcelona uno de los conventos estaba ubicado en el Pasaje Campos Elíseos entre las calles Valencia y Mallorca. Si no recuerdo mal nos decía que había servido para reservas de aceite, así que se lo encontró todo sucio. Sin desanimarse, con alguna otra religiosa y algún amigo prepararon una de las habitaciones que estaba en mejores condiciones, en una Capilla, donde enseguida se pudo instalar el Santísimo Sacramento y celebrar la Santa Misa; con lágrimas por la emoción, llena de consuelo nos decía que era una de las primeras Capillas abiertas en Barcelona y en la que comenzó a celebrarse la Santa Misa.

Su amor y celo por ver en su lugar al Señor Sacramentado otra vez, después de los años de guerra y ver a las personas ávidas de retornar y asistir a la celebración de la Divina Eucaristía, a Madre Amada le llenaba de gozo. La gente agradecía el haber abierto tan pronto la Casa y Capilla y las personas ansiaban de nuevo asistir a la Divina Eucaristía. Y después de este encuentro tan emotivo y tan importante que nos hacía tan felices a todos, nos vamos al piso en donde íbamos a vivir. Teníamos lo justo sin muchas comodidades, pero dábamos gracias a Dios y nos parecía un palacio, ya que nos permitía el poder estar toda la familia de nuevo reunida.

Como el Señor ayuda a sus hijos, sobre todo cuando le piden con fe y confianza, había que buscar trabajo pues nos habíamos quedado

sin nada. Papá en seguida organizó su negocio de construcción. Lolita como siempre tan alegre y trabajadora, tan animosa y tan positiva, no tenía miedo de nada. Nuria por su parte era entusiasta y de ella decía Lolita: si tengo al lado Nuria no tengo miedo de no cumplir los encargos que nos piden; tal era su rapidez en la costura. Montse, la Benjamina, también les ayudaba a pesar de su corta edad. Consuelo daba algunas clases y las prendas de costura que necesitaban hacerse con mucha delicadeza, era ella la que se encargaba siempre, pues era muy pulcra y artista, y yo con mis catorce años me encargaba de las compras y recados. Además de estudiar, Consuelo ayudaba a la mamá a hacer la comida, la pena era que nuestra tan bondadosa madre no estaba muy bien y era ella la que siempre, con su carácter dulce y delicado, unía a toda la familia.

Aquí tenemos a la familia Piguillem preparada para empezar otra etapa de la vida después de la guerra que nos pareció interminable, pero gracias a Dios el Señor aprovecha todas las circunstancias para que crezcamos humana y espiritualmente.

En la Parroquia nos conocían mucho, el Sr. Párroco fue muy amable con toda la familia. Montse y yo éramos aspirantes de Acción Católica, teníamos reunión con nuestra delegada y también de vez en cuando iba el Sr. Vicario. Nos lo pasábamos muy bien. Y poco a poco íbamos aprendiendo y profundizando nuestra fe.

Hacíamos excursiones a Montserrat, a Poblet etc., y esto nos unía al grupo pues venían con nosotras las mayores y aprendíamos muchas cosas, pues eran jóvenes de mucha virtud. La delegada entró religiosa en el Monasterio de las Clarisas de Pedralbes, y la secretaria poco después lo hizo también en ese mismo Convento.

Eran con las que más nos tratábamos, la delegada fue muchos años Abadesa, tocaba muy bien el órgano, y dominaba el latín y La Liturgia. Preparaban celebraciones muy solemnes y devotas que a pesar de estar el Monasterio lejos, se llenaba la Iglesia de personas muy selectas y conocedoras de la Biblia. De este grupo de la Parroquia del Corpus Christi, 27 jóvenes entraron en diversos Conventos.

Una de las cosas que unía mucho la familia era que todos procurábamos estar en casa a la hora de comer y cenar. Después de terminar la cena papá rezaba el Santo Rosario, y le gustaba que no faltara nadie.

Ya solíamos cantar todos a la Virgen, sobre todo en Lasarte pidiendo que terminara la guerra. Muchas gracias tenemos que dar al Señor por vivir este ambiente familiar tan alegre y sano. Ahora, cuántas familias a causa del trabajo tienen que dejar a los hijos en casa solos, o con alguna persona que les ayuda.

Se encontró papá con un primo que hacía mucho tiempo no se veían, éste tenía una vaquería en la calle Rosellón que es una calle muy larga, papá decía que la vaquería estaba cerca de dos kilómetros de nuestra casa. Como la leche que se vendía estaba aguachinada nos ofrecimos Consuelo y yo a ir un día cada una a la vaquería de nuestro primo, en la que veíamos cómo ordeñaban la leche tan fresca y tan buena.

Al tocarme a mí a ir a buscar la leche, me di cuenta que pasaba muy cerca de la Iglesia que hay en la calle Rambla Cataluña que se llama Sant Ramon de Penyafort. Al volver de recoger la leche entraba todos los días a hacer la visita al Santísimo. Estaba el Señor en una Capilla y a la hora que yo entraba solía estar vacía. Me acercaba donde estaba el Sagrario y Jesús me hacía sentir el gran amor que nos tiene, e iba comprendiendo poco a poco su Divino Corazón, lleno misericordia hacia todos los hombres. No podía pararme mucho rato, pero el tiempo que estaba se me hacía corto y regresaba a casa llena de alegría. Un día al pasar por la calle Rosellón vi en una tienda de material de construcción, la imagen de Jesús pintada en una uralita con poca reverencia. Quise entrar para hablar con el dueño y al acercarme había un perrazo en la puerta y me dio miedo entrar. Pensé que al volver ya no estaría el perro y podría hablar con el dueño.

Como estaba lejos de la vaquería, al volver pasé por la tienda de prisa y no la vi. Cuando llegué a casa sentí no haber entrado y me di cuenta de lo cobarde que había sido. Cuando me tocó el turno de ir a buscar la leche, le pregunté a Consuelo si había visto al pasar una tienda con un perro muy grande me dijo que no. Entonces pensé que lo habían quitado, pero al pasar yo al día siguiente, vi que estaba el perro y la pintura, seguí para recoger la leche y al volver entré en una capilla para pedir fuerzas al Señor y a la Virgen, para que me mandaran mi ángel de la guarda, al que yo llamo Matías. Así por fin entré, me decidí y el perro se levantó, pero no me ladró ni me hizo nada. No salía nadie de la tienda, en vista de esto me acerqué donde estaba la imagen de Jesús me arrodillé y cogí un pañuelo con saliva porque no tenía agua, empecé a borrar la pintura en la cual se veían otras figuras en el rostro de Jesús. Mientras, de prisa la señora salió al fin y al verme arrodillada me dijo que no me preocupara, que me levantara y que ya quitarían las uralitas de ahí, pero yo seguí borrando todo el tiempo que pude las figuras anormales que tenía el rostro de Jesús y luego me salí y me fui contenta a casa por haber podido vencer el miedo a ese perro. El Señor me ayudó y al volver vi que realmente lo habían quitado.

En la temporada de adolescencia a Montse y a mí nos dio deseos de leer libros de Santos y queríamos imitar algunas de las mortificaciones que hacían, se nos ocurrió imitar a un Santo que se mortificaba mucho, cogimos el hierro de la cocina, lo pusimos en el fuego y para mortificarnos nos lo pusimos ardiendo en el brazo primero me lo puse yo y después la Montse, las dos quedamos muy contentas de hacer sacrificios por Jesús, no nos dimos cuenta que realmente esto no es lo que quería el Señor, nos pusimos de acuerdo con la Montse cuando hacíamos alguna cosa que nos parecía mal, decir "alabado sea Dios" y ya nos dábamos cuenta de que estábamos haciendo alguna cosa mal. Después comprendimos que lo que el Señor quiere es que mortifiquemos la propia voluntad y procurar imitar a la Virgen en sus muchas virtudes.

Estábamos en verano y hacía bastante calor, se nos ocurrió en vez de quitarnos ropa, ponernos una chaqueta de hilo para así pasar más calor y ofrecerlo al Señor para salvar almas.

Al pasar por nuestra parroquia del Corpus Christi, cerca había un cine y vi una cola de gente para entrar mientras la iglesia estaba casi vacía, me dio tanta pena que prometí no ir nunca más al cine, cosa que cumplí menos un día que mis hermanas me dijeron que era la película de Blanca Nieves y los siete enanitos, me dio tanto remordimiento que se lo dije al confesor, y este no le dio importancia.

Estábamos enamoradas de Jesús y cuando íbamos a hacer algún recado y pasábamos cerca de alguna Capilla, entrábamos y hacíamos la visita al Santísimo.

Íbamos a la Santa Misa cada día. Las jóvenes que podían, de Acción Católica, también asistían. Con mi hermana Montse éramos aspirantes y yo veía que después de comulgar las jóvenes se recogían mucho, con la cabeza baja y yo quería hacer lo mismo. Ellas permanecían así más tiempo del que yo esperaba, entonces yo me volvía a recoger y, cada cierto minuto, comprobaba que ellas continuaban dando gracias. Yo entonces me volvía a poner como ellas dando gracias a Jesús y me percataba de que yo terminaba antes que ellas.

Poco a poco fui comprendiendo el hacer silencio. En las reuniones de la asociación, las aspirantes aprendíamos muchas cosas de la vida cristiana. De vez en cuando asistía el coadjutor y nos explicaba muchas cosas sobre el Evangelio.

En las visitas al Santísimo sentía tanto deseo de consolar y de amar a Jesús que una vez me salió decirle: *Jesús que a fuerza de mirarte aprenda a perderme en ti.* Y también le decía a Jesús: *quiero ser como una lapa y estar siempre pegada a ti.*

Íbamos a confesar cada semana a los Carmelitas Descalzos de la Diagonal, después de confesar me acercaba, de rodillas hacía la penitencia y me quedaba un rato ante el crucifijo. Al verle tan destrozado, llagado por su amor a nosotros y para redimirnos, me emocionaba y sin poder remediarlo me caían las lágrimas al pensar que yo también era causante de sus dolores. Mis hermanas mayores se dieron cuenta y al llegar mi santo me regalaron un crucifijo, muy devoto y hermoso, que más tarde yo llevaría al Convento en Granada.

Me di cuenta de que Lolita iba a confesar a los Escolapios de la calle Diputación, le pedí si podía acompañarla para confesar yo también. Allí había bastantes jóvenes esperando confesar con ese Padre, y solían tardar. A mí el Padre me despedía enseguida, hasta que un día le hice notar que, en general, tardaban mucho más que el tiempo que empleaba conmigo, él se rio y dijo: ojalá tus confesiones fueran siempre como las de ahora.

Otro día, nuestro Padre confesor de los Escolapios me dijo que, siendo hermanas con Lolita, por qué no hablábamos de que queríamos ser religiosas y de ese modo nos podríamos ayudar. Lolita buscaba un Convento que tuviera el Santísimo expuesto y misiones, le indicaron las Esclavas del Sagrado Corazón. Esa tarde, providencialmente fue a ver a nuestra abuela, que estaba preparada para salir a la Capilla de Campos Elíseos y Lolita la acompañó. Se dio cuenta de que esas religiosas que tenían el Santísimo expuesto, eran las Misioneras del Santísimo Sacramento y de María Inmaculada.

Entonces se decidió a entrar para hablar con alguna de ellas, precisamente estaba de visita en la Casa, la Madre General María Amada Arderiu, quien la atendió con mucha bondad y a quien Lolita expuso su deseo de ser religiosa. Por lo que la Madre le explicó el carisma de la Congregación y Lolita sintió que era lo que realmente buscaba. Acordaron entonces con la Madre, que Lolita hiciera una experiencia como postulante en Granada. Cuando la Madre se fuera se iría Lolita con ella para comenzar esta experiencia, viaje que realizaron a finales de enero. Ese día al regresar a casa Lolita explicó a nuestros padres la conversación que había tenido con la Madre General de la Capilla, a la que asistía regularmente nuestra abuela, y su deseo de entrar a hacer la experiencia de postulante en Granada. Nuestros padres aceptaron que fuera religiosa, si bien la despedida en la estación fue dolorosa sobre todo para nuestra madre que ya estaba enferma y para quien Lolita era su gran apoyo. En esa ocasión a Montse y a mí nos costó mucho que Lolita se fuera, y lloramos al despedir a nuestra hermana en la Estación del Norte.

En el mes de junio nuestra hermana escribió una carta contando que le habían concedido pasar al Noviciado y que se celebraría una fiesta, tendríamos la Santa Misa y después una comida con todos los familiares de las otras postulantes a las que se les había concedido pasar al Noviciado. Mamá organizó un viaje conmigo para ir a Granada y asistir a la fiesta. Con este largo viaje su salud empeoró mucho, yo interpreto que fue a despedirse de su hija, pues estaba ya muy enferma. Yo la acompañaba puesto que ella sabía que yo quería ser religiosa. Poco tiempo después se organizó la boda de nuestra querida hermana mayor Consuelo y mi madre participó en los preparativos y asistió a la boda junto a mi padre. Ella y su marido Santiago se quedaron a vivir en nuestra casa una temporada.

Los Padres Camilos tienen por constituciones asistir a los enfermos en sus casas, y para que mamá participara de la Eucaristía habían venido varias veces a celebrar Misa en nuestra casa. Acercándose la Navidad ya tenían preparado todo lo referente a la celebración de Nochebuena en casa. Para entonces la salud de mi madre había empeorado aún más, el día 15 de diciembre ella pidió comulgar y vino el Párroco a las doce del mediodía trayéndole el Santísimo, pues ella estaba bien consciente de su muerte próxima y ya había recibido la Unción de los Enfermos y la Indulgencia Plenaria días antes.

Mamá falleció sin la asistencia de Lolita que por entonces no podía salir del Noviciado.

A primera hora de la tarde estábamos en la habitación de mamá su madre, nuestra abuela, su hermana Quimeta nuestra tía, Nuria, Montse y yo, enseguida vino Consuelo, que estaba en la habitación contigua llorando, y pronto llegó nuestro padre.

Al ver que casi no podía ya respirar, yo me arrodillé junto a ella, le cogí la mano con el crucifijo y empecé a decirle jaculatorias como: *Sagrado Corazón de Jesús en Vos confío, Dulce Corazón de María sed la salvación mía*, y varias veces esta jaculatoria: *Virgen del Carmen, Estrella del Mar, haced que os vea antes de expirar*. Mi madre tenía sed y yo con un algodón le untaba sus labios con agua.

Pareciera que la Virgen nos oyó pues mamá elevó los ojos hacia donde estaba la imagen de la Virgen del Carmen en su cuarto y se quedó unos momentos como extasiada y poco después murió. Creemos que tuvo una experiencia mariana. Todas nos dimos cuenta del éxtasis y nos dejó mucho consuelo, pues fue una señal de que la Virgen la había venido a buscar. Cómo se ve que la Virgen es Madre por excelencia pues escucha los deseos de sus hijos.

Cuadernillo preparado
por Carmen,

Para entonces yo tenía dieciséis años y mi padre me propuso realizar algunos trabajos de diversos aprendizajes durante todo ese año, que culminó con la escuela de Pilar Saldés donde asistí a la formación de bachillerato. También fuimos Consuelo, Montse y yo a Llívia a pasar unos días en la casa donde vivía nuestro abuelo paterno. Allí repetimos la experiencia de Lasarte haciendo un teatro para los niños del barrio, reunimos una pequeña cantidad que llevamos a una señora necesitada del pueblo, ella dijo: cuánto os lo agradezco, con este dinero podré pagar la leña de todo el invierno. Recuerdo que el presidente Francesc Macià hizo una visita a Llívia, al pasar por nuestra calle estábamos un grupo de niños jugando delante de la casa y él se detuvo, nos habló y me dio un beso pues yo era de las que estaba más próxima.

Organizamos en la torre de mi abuela de Sant Just, una fiestecita familiar, las artistas éramos la Montse y yo en casi todas las escenas, alguna prima también intervenía, pero como era un poco improvisado no podían actuar mucho.

Asistieron la abuela, los primos mayores, tíos y algunos niños amigos nuestros, después pasamos la bolsa y recogimos bastante dinero y lo llevamos al Sr. Párroco que se puso muy contento y dijo que lo usaría para arreglar alguna cosa de la Parroquia.

Una vez regresadas a Barcelona me integré con los jóvenes de Acción Católica que se estaba organizando en nuestra parroquia de Corpus Christi. Entretanto, estuvimos un par de meses en Sant Just d'Esvern con nuestra abuela materna. El párroco me dijo que reuniera a las niñas y les hablara del Evangelio.

Un día me telefoneó la Madre General María Amada, desde Granada, para decirme que en febrero viajaba desde Barcelona a Madrid la Superiora María Sagrario y que a partir de ahí yo podría viajar con otra joven que también quería hacer una experiencia en el Convento de Granada.

Esa joven se llamaba Pilar Lozano, tenía gran dificultad de salir de su casa pues, a pesar de ser mayor de edad, a su madre le costaba mucho separarse de su hija única y le pidió de rodillas que se quedara y le decía que en su casa podía hacer lo mismo, ir a misa, la adoración y todo lo demás. Sus hermanos apoyaban a su madre y le dijeron a su hermana que no tenía corazón al dejar a su madre. En cambio, su padre era mucho más comprensivo y decía que ya tenía edad de realizar sus deseos. Él fue el que nos llevó a la estación. Su madre, pasados unos meses, fue a ver cómo estaba su hija. Las religiosas la invitaron a que se quedara una temporada y esa fue su salvación. La madre Superiora Emilia Barbero, de carácter afable, muy piadosa y apostólica hizo, poco a poco, una gran amistad con la madre de Pilar, quien fue comprendiendo el gran amor que nos tiene el Señor y lo que nos ayuda la Santísima Virgen. Así acabó dando gracias a Dios por ver a su hija tan contenta de ser religiosa y no paraba de decirlo a su familia y de dar gracias a Dios. Tiempo después murió santamente.

Aquí termina esta etapa de mi niñez y adolescencia.

Tenía razón el predicador de los Ejercicios Espirituales en recomendarnos escribir la historia de nuestra vida para agradecer al Señor, en el recorrido de los años, lo mucho que hemos recibido y la gran ayuda que nos ha ido dando a través de su Santísima Madre que nos iba acercando poco a poco a su Divino Hijo. En mi vida se evidencian los pasos que fui dando y el primero, ya dicho antes, sobre mis ochos años fue que después de pedir por la familia, por los papás, por las religiosas, le decía *que sea Tuya y de nadie más*. Y así, en cada Sagrada Comunión, lo repetía una y otra vez. En ello veo su gran bondad, su amor y su inmensa misericordia. Todo, todo lo había hecho Él.

Imagen de Jesús que mucho
le gusta a Carmen

Más tarde, en la iglesia del Pasaje Campos Elíseos, repetía en la oración: *para siempre tuya*, y tenía el sentimiento de que fuera para siempre. Y varias veces, entre lágrimas, necesité volver a decirle: *Jesús mío que a fuerza de mirarte aprenda a perderme en Ti*.

En la Capilla del Santísimo de Sant Ramon de Penyafort sentía que Jesús era mi todo, a mis catorce años vivía feliz y me sentía suya.

En Llívia, a los dieciséis años, época en la que carecía de director espiritual, hice por mi propia iniciativa, el voto de virginidad por escrito y me daba cuenta, ya entonces, de que esa decisión implicaba bastante más que no casarse, implicaba entregarme a una intimidad mucho más profunda con Él.

Cuando me despedía de mi abuela para irme como Postulante a Granada me dijo que, si llegaba a necesitar volver a casa, ella y toda la familia me recibirían con los brazos abiertos. Mi tía Quimeta dijo 'esta no vuelve' y yo repetí fuerte: 'no volveré', 'a Jesús no le dejo por nada', 'soy suya y Él es mío', sentía que Su Amor era total.

Desde la mirada de ahora confirmo la hondura de mi sentimiento de entonces, pues concebía mi entrega a Jesús para siempre.

Desde jovencita tenía deseos de compartir con alguna amiga lo que sabía, para que mutuamente nos ayudáramos a ser más fervorosas, a estar más con Jesús, pues sentía que todo era poco para darle.

Asistí a una academia y tenía dos amigas que nos llevábamos muy bien, ví, sin embargo, que después de tratarlas unos meses, no era eso lo que llenaba mi corazón, lo que yo quería. Me llamaba el tener y vivir una amistad más profunda, que nos llevara a una vida de comunión, de unidad, como hoy vivo y entiendo la Trinidad, la vida trinitaria.

Jesús es tan amoroso que nunca pone deseos al alma que no se puedan realizar. Siempre cumple lo que pone en nuestro corazón.

Las tres hermanas
con su querido papá

Me lo vino a regalar años más tarde siendo ya religiosa, en nuestra querida congregación en la que puede vivir con algunas hermanas, una fuerte experiencia de comunión y de unidad mucho más plena y gozosa de lo que yo en mi juventud había soñado.

Jesús me lo hizo entender, que le agradaba y que deseaba lo viviéramos en nuestras relaciones y comunidades.

Había que empezar pidiendo luz al Espíritu Santo y con Él todo sería más fácil. Estaba sentada en el despacho en Madrid pensando sobre el modo de empezar, cuando llamó una joven juniora que quería hablar conmigo. Ella con otra juniora estaban recibiendo clases, creo que eran de física y química en nuestro colegio. Me dijo que la juniora que estaba con ella en la clase había dicho algo que no estaba bien. Al momento me vino la inspiración de decirle que seguramente no se habría dado cuenta y que era bueno que se lo dijese a ella misma y seguro que le agradecería esa confianza. A los pocos días volvió la juniora y me dijo que el aviso lo había recibido muy bien y que en adelante tendría más cuidado. Me alegré mucho y vi la ayuda del Espíritu Santo.

Qué importante es dar libertad a las personas y que sean responsables de sus actos, para desde esta libertad llegar a la comunión. Pronto llamó otra, esta iba a la escuela de magisterio, con otra hermana, me dijo que iban juntas y que solían hablar mucho y no les hacía bien. A esta hermana le expliqué la importancia de la caridad, y que fueran juntas de nuevo y en vez de hacerse daño se ayudaran a ser cada día mejores, que le pidiera a Jesús y a Nuestra Madre la Virgen. Ellos os ayudarán a hablar siempre bien de todos.

Otro caso que demuestra lo bien que hace confiar en las personas. Estaba enferma una hermana y sólo había permiso de entrar a verla la hermana que la cuidaba. Vino una muy decidida a verme y pedir si podía ir a ver a la enferma. Le dije que sí y que la animara y le hiciera reír contándole cosas alegres. Se fue tan contenta a verla. Algunas hermanas mayores tuvieron un poco de miedo de ese permiso, pensando que no se ayudarían, pero <u>confiando siempre en las personas</u> ellas mismas se dan cuenta que, si confían en ellas, se corrigen poco a poco, no abusando de la libertad.

El Señor tiene mucha paciencia nos lo enseña en el Evangelio.

Cuántos casos hay por contar… va el último. Es en una visita canónica a una de nuestras casas. Empezó una reunión y eran más de 30 religiosas.

Empezamos a hablar sobre la fraternidad y les conté que al ir a la reunión había dos hermanas hablando y con un poco de malicia les dije que pensé que estaban hablando de sus tareas escolares o quizás del evangelio de ese día. Al oír esto todo el grupo soltó espontáneamente una carcajada general. Sabían que era otra cosa la que conversaban y así seguimos hablando de la fraternidad y del amor a los hermanos, tan necesario y tan importante en una comunidad.

Hoy puedo decir con mucha alegría que esta comunión es la que nos hace ser felices y poder decirle a la hermana **"todo lo mío es tuyo, y lo tuyo mío"**. Así crecemos en unas relaciones de fraternidad y confianza. Así cambian las personas y desde el corazón podemos experimentar la comunión en Dios. Actualmente nuestra Madre General y el Consejo trabajan con mucho interés y entusiasmo, sobre todo en la comunión, uniéndonos a la Iglesia que también lo está haciendo con insistencia a través de todos los medios actuales que son muchos y rápidos. Damos infinitas gracias a Dios por todo y a nuestra Madre Inmaculada.

Madre Amada Arderiu y grupo de religiosas donde está Carmen

Carmen, Montse y Lolita religiosas

TESTIMONIOS Y EXPERIENCIAS VI-VIDAS CON CARMEN HASTA HOY

EN VIDA TODO EL AGRADECIMIENTO

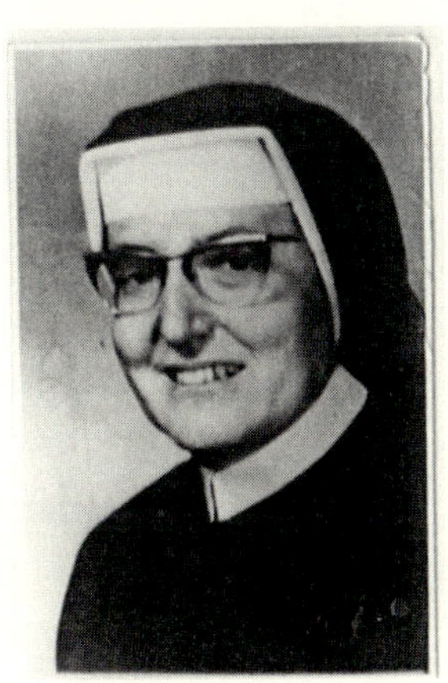 

Es mucho lo que Carmen nos ha contado de lo tanto vivido en la vida religiosa, en la Congregación. Como sabemos Carmen nació un 12 de agosto de 1925 y comenzó su vida religiosa un 12 de septiembre de 1943 con la toma de hábito, apenas hacía tres años de la muerte de nuestra querida Madre Fundadora. Fue Madre Amada quien la recibió y acompañó en sus años iniciales. La Profesión perpetua fue el 11 de enero de 1948.

Carmen ha vivido y recibido toda la herencia que nos dejaba María Emilia y lo ha visto reflejado con nitidez en nuestra queridísima Madre Amada, a quien mucho quería y con la que ha vivido muchos años.

Agradecemos que en muchos momentos nos ha contado muchas cosas de nuestra madre Amada Arderiu e incluso nos ha dejado escritas muchas vivencias y anécdotas de su vida.

Ya en el Capítulo General de 1952, a cuatro años de su profesión perpetua Carmen fue nombrada Ecónoma general. Y en el de 1958 fue elegida Vicaria General durante 12 años, al lado de Madre Inmaculada Aizcorbe que era la Superiora General.

En 1970 es elegida Superiora General durante 12 años hasta el 1982 en que fue elegida Madre Susana Ramos.

En 1983 fue nombrada Superiora regional de Brasil hasta el 1992.

En realidad, una vida entera entregada en los cargos que le pedía la Congregación, con una disponibilidad y entrega que nos hace pensar que la vida de Carmen es plena, o podemos decir que es una vida llena de experiencias y la encarnación del carisma. Cuánto nos ha enriquecido y cuánto agradecemos su entrega generosa.

Como ya indiqué en la presentación, para mí ha sido una hermana que me ayudó a enamorarme mucho más del carisma, de Jesús y a entusiasmarme con la vida fraterna, como lugar de relaciones sanas, positivas y que me hacían crecer en madurez.

Visitando las comunidades en Brasil

Su confianza plena, su estímulo, su cercanía me ha ayudado a ver la vida desde el presente, sabiendo vivir el AHORA con amor, y desde una mirada positiva. Su profundidad, su mirada contemplativa, su respeto inmenso al otro, a la hermana, su capacidad de paciencia, de perdón, de misericordia, de saber disculpar para amar, me ha ayudado siempre.

Quiero destacar en Carmen el amor inmenso a la Virgen, su relación tierna con Ella que a mí me ha hecho crecer en el amor a María.

Como gran misionera he podido ver cómo ha trabajado por los más pobres en Brasil, en la Escuelita San José de Salvador y sobre todo alentando a las hermanas en la misión los años en que fue Delegada Regional de Brasil, verdadera misionera entusiasta.

Ha trabajado por la Congregación y por la formación intelectual y humana de cada hermana, potenciando las posibilidades de cada una.

He comprobado el amor que las hermanas le tienen, los ejemplos recibidos de ella y como ha sido luz para muchas en sus vidas.

La delicadeza en el trato a cada persona, la sencillez y humildad para pasar sin hacer ruido, la aceptación del límite por la edad y su celo por contagiar el amor a Dios, por acercar a muchos a la oración, a la Palabra, a la Eucaristía por todos los medios, siguen haciendo de Carmen la misionera del Santísimo Sacramento y María Inmaculada que nos sigue invitando a todas, a darlo todo. Gracias Carmen, diría muchas cosas más…sé que las palabras no dicen nada, pero como tu decías "en el cielo El todo lo sabe".

Siempre seremos Un solo corazón.
Marian Macías Rodríguez. M.S.S

¿QUIÉN ES PARA MÍ CARMEN PIGUILLEM?

Para mí es una persona muy querida. Recuerdo mis primeros comienzos en la vida religiosa, cuando un día me llama y me dice; Soledad he intercedido por ti y he luchado por ti, ante el consejo, porque sí creo sirves para la vida religiosa.

Una persona que va con la verdad por delante, me animaba y hacía ver mis cualidades para alegrarme y ponerlas al servicio de los demás.

Su forma de ver las cosas me infundía paz. Su gran amor: Jesús sacramentado y…no digamos a la Santísima Virgen…" Para ellos alma, vida y corazón". De este amor surgía la grandeza de su misión apostólica, que de alguna forma transmitía a los demás.

Gracias por tu entrega y por todo lo que aprendí de ti, te quiero.

Que el Señor te siga bendiciendo y la Santísima Virgen fortaleciendo en tu amor y entrega.

Un abrazo fraterno

M.ª Soledad Redondo. M.S.S

De Carmen Piguillem podríamos decir muchas cosas buenas, y no sabríamos por dónde empezar y cómo acabar, pero resumido en pocas palabras, yo diría que la he percibido como una mujer buena, que vive el compromiso del Reino de Dios como Jesús lo presentaba, y es fiel a la llamada y al seguimiento que Jesús la invitó. La conocí personalmente siendo Vicaria de Madre Inmaculada, y después Superiora General.

Carmen fue, y es, siempre una hermana profundamente eucarística y mariana; misionera sencilla, cercana, alegre, positiva, que contagia fervor y entusiasmo.

Yo valoro muchísimo el aporte que hizo a la Congregación siempre, pero sobre todo en su tiempo de Superiora General. Trabajó con todo ahínco el cuidado del espíritu y del cuerpo conjuntamente: lo divino y lo humano, lo espiritual, lo corporal y material. Otros valores muy importantes, la autoestima, la relación fraterna comunitaria.

Concretando este cuidado, nos enseñaba y poníamos en práctica la preparación para la oración y contemplación ayudándonos a silenciar la mente con la respiración, ejercicios de yoga etc.

El cuidado del cuerpo con una alimentación más sana y más vegetariana, ejercicios de gimnasia, recreación, la naturaleza, la belleza. La valoración de todo lo creado.

Las relaciones en general, trabajando la confianza, la libertad responsable, la valoración de una misma y de las demás. La autoestima, el estudio, desarrollando las capacidades de cada una.

Yo doy muchas gracias a Dios y a Carmen por el regalo de su vida compartida con nosotras y derramada con tanta generosidad y alegría.

Belén Jiménez. M.S.S

Cuando yo entré a la Congregación ella era la Superiora General. A mis padres les dijo que desde ese momento eran parte de la familia. Muy cercana con todos, siempre preguntaba y se interesaba por cada uno de ellos.

De postulante, recuerdo que nos invitaron a las jóvenes que estábamos en formación a un taller llamado "el laboratorio del ser" en Los Molinos (Madrid). También había muchas hermanas de votos perpetuos venidas de otras comunidades para participar del taller. Un taller animado por Carmen Piguillem y por Leonor Gutiérrez. La dinámica de este encuentro era aprender a comunicarnos desde los sentimientos y no solo desde lo que pensamos. Conectar con nuestro ser más auténtico compartiendo lo que una vivía y sentía. Las demás hermanas hacían de espejo. A lo largo del juniorado seguimos teniendo distintos encuentros con nuestra formadora Leonor, con la misma dinámica para crecer en el ser desde una escucha empática. Agradezco esta iniciativa de Carmen y Leonor para que aprendiéramos desde la experiencia a comunicarnos mejor, a perder miedos y a mostrarnos desde lo que somos. De este encuentro me quedó una invitación a ser yo misma.

Su apertura, su humanidad, su alegría, su bondad para descubrir y potenciar las posibilidades de cada hermana me han ayudado mucho a lo largo de mi vida religiosa.

Una hermana abierta a intuir lo que podía ayudar a la Congregación, por ejemplo, su cercanía a los Focolares hizo que desde joven descubriera la Palabra de Dios como Palabra de Vida, invitada a hacerla carne, a hacerla gesto, palabra o mensaje. En los campos de trabajo que realizábamos en pueblos de España, una de las dinámicas era proponernos vivir una frase de la Palabra de Dios y por la noche, la final de la jornada, compartir cómo la habíamos vivido.

También me ha llegado su insistencia en la COMUNIÓN, como un don que se puede vivir, como un sueño, un anhelo de Jesús que se vuelve también nuestro. Es posible la comunión con Dios, es posible la comunión con la naturaleza, es posible la comunión entre nosotras. Resuena de ella: "Lo mío es tuyo y lo tuyo mío".

Se preocupó de que las hermanas creciéramos en una auténtica espiritualidad, cultivando el silencio, una alimentación sana, actos conscientes para ser cada día más de Él. Practicar el momento presente como el único que tenemos para amar y dejarnos amar y el pensamiento positivo: ¡PUEDO! Ella decía: "La hermana me da lo que tiene", una manera delicada de disculpar cuando lo recibido estaba lejos del agradecimiento o el reconocimiento y cercano a la queja.

En la última visita canónica a la comunidad de Barcelona, donde ahora se encuentra, en noviembre de 2022 nos decía en uno de los encuentros comunitarios: "la reunión comunitaria es sagrada". Eligió la imagen de una gaviota libre en el espacio así es su vida de una gran libertad interior con mucha delicadeza y ternura.

Gracias Carmen por dejar al Espíritu obrar en ti.

Elisa Mármol Luengo. M.S.S

Hola, soy Lourdes Prada, ha sido muy poco el tiempo que he vivido con Carmen Piguillem en la comunidad de Arturo Soria, en Madrid siendo ella vicaria General, en el año 1971. Yo acababa de llegar de Bolivia después de haber estado 9 años, para mí fue un tiempo difícil para adaptarme nuevamente a la realidad de España, tanto, que hablando con ella le exprese la intención de retirarme de la Congregación, me había hecho muchos castillos de arena. Con la gracia de Dios, que ha actuado en mí y la paciencia de Carmen, ¡esos castillos pronto se desmoronaron! ¡Gracias a Dios! A partir de ahí mi confianza y cercanía con Carmen se hicieron mucho más fuertes, de manera que, yo sentí un apoyo muy grande en ella. Experimenté con fuerza la comunión de hermanas. Después de dos años fui enviada a la misión de Estados Unidos y estoy segura que su oración siempre me ha acompañado hasta el presente.

Después, siendo ella Madre General en las visitas a las comunidades nos alegrábamos y disfrutábamos mucho al encontrarnos.

Mi agradecimiento para ella es muy grande, me siento muy feliz hoy día y como he dicho después de la gracia de Dios, se lo debo a ella.

Lourdes Prada. M.S.S

Ven, Espíritu Santo, guía mi mente y mi corazón para que seas Tú, a través de mí, quien dé testimonio sobre M. Carmen Piguillem Petit.

Eran los años 70, formaban un gran y buen equipo: Madre Corazón de María SG (Carmen Piguillem Petit) y Madre Caridad VG (Susana Ramos Díaz) Creo que fueron los Ángeles que me trajeron a la vida consagrada y gracias a su infinita misericordia, su fe y confianza en el Señor, (y a través de la oración) me mantuvieron en pie en la Congragación en situaciones muy difíciles, muy dolorosas de mi vida, por problemas familiares,(mi madre ya no estaba con nosotros, el Señor se la llevó, la quería con Él y nos dejó muy tristes su muerte, aunque todos nos decían que "había muerto una santa" eso no nos consolaba, nos dolía mucho su pérdida y nuestra soledad.)

Las conocí en mi pueblo natal, El Toboso, donde teníamos comunidad religiosa en aquellos años. Eran la alegría personificada y desbordante, finura y delicadeza, amor y caridad sin fin con todos.

Madre Carmen es una mujer enamorada de Dios y de la Virgen, amores complementarios para una santa, mujer de oración confiada, muy inteligente y sabia.

Su oración confiada arrancó de Dios, a través de Nuestra Madre Fundadora, el milagro para mi familia, que el riñón trasplantado a mi hermana María comenzara a funcionar. Ya se lo iban a quitar, pues llevaba meses trasplantado, pero no daba señales de vida. Los médicos ante esta situación decidieron quitárselo, podía ser un foco de infección, pero Madre Carmen, Superiora General entonces, contra todo pronóstico seguía confiando en Dios y me dio una reliquia de M.ª Emilia para que se la pusieran las enfermeras, con esparadrapo, en la tripa sobre el riñón trasplantado que ya habían decidido quitárselo. Las enfermeras entre risas y guasas se la pusieron según indicaciones de mi hermana sobre el riñón. Intensificamos la oración por intercesión de M.ª Emilia, nuestra beata hoy. Esa noche le quitaron la sonda y al día siguiente estaba programado quitarle el riñón, pero mi hermana que llevaba siete años en hemodiálisis, sintió ganas de orinar y pidió la cuña a las enfermeras, estas escépticas se la pusieron y echó unas gotas, pero no le dieron importancia, pensaron que eran los residuos de la sonda vesical. (llevaba siete años sin orinar y en silla de ruedas) Pero la sorpresa para todos, médicos y enfermeras, es que mi hermana desde ese momento no dejó de orinar y cada vez más cantidad y mejor calidad pues el "bendito riñón" no dejó de funcionar. Mi hermana se fue recuperando poco a poco, le pusieron prótesis en ambas caderas, pues la cabeza del fémur la tenía deshecha, para que pudiera ponerse de pie y poder caminar y hacer vida normal y así fue durante veinte años. Años muy felices para todos y de mucha gloria a Dios por tal beneficio RECIBIDO POR INTERCESIÓN DE NUESTRA BEATA M.ª EMILIA RIQUELME Y ZAYAS.

Gracias te doy mi Señor, por el regalo de la vida, de la fe y confianza en ti de nuestra hermana Carmen Piguillem Petit. Gracias por todas las gracias recibidas en la Congregación a través de ella y su buen hacer.

Hna. Ascensión Ramírez Villegas, M.S.S

Es con mucho gusto que escribo sobre M. Carmen Piguillem, pues de ella tengo buenos recuerdos. El año 1977 vino a Portugal hacer la visita canónica y he conocido los dones que Dios le ha dado a nivel humano y espiritual. Tengo desde entonces, en la Liturgia de las Horas una postal con la oración que nos ha dado a todas para rezar durante aquellos días de visita. Ahora como nos pides para escribir sobre ella, te envío la misma oración en que ella se encuentra retratada. Fueron días agradables.

¿Qué más se puede decir? Comparto la oración de esa visita canónica, que guardo hasta hoy.

Oración - Pascua 1977

Señor, en el silencio de este día que nace, vengo
pedirte paz, sabiduría y fuerza.

Hoy quiero mirar el mundo con ojos llenos de amor, ser paciente, comprensiva, suave y buena.

Ver a tus hijos detrás de las apariencias, cómo Tu mismo los
ves para así poder apreciar la bondad de cada uno.

Cierra mis oídos a toda calumnia, y guarda mi alma de toda
maledicencia; que sólo los pensamientos que bendigan, permanezcan en mi espíritu.

Quiero ser tan bien intencionada y justa, que todos los que
seacerquen a mí, sientan tu presencia.

Revísteme de tu bondad, Señor, y haz que,
durante este día, sea Tu reflejo.

María Gloria Henriques de Oliveira. M.S.S

Conocí a Carmen Piguillem como gran misionera, con un Amor
y dedicación a la Congregación y Carisma.

Su trato, muy cercano y acogedor, respecto y caridad para cada
una de las hermanas. Su sentido de perdón, un Amor profundo a
María Inmaculada.

Tenía una gran vivencia de oración, sencilla y humilde. Motivaba mucho a la Unidad "Todas Una" (M.ª Emilia). Callar y sufrir decía muchas veces. Es necesario ser santas "Sed santas" (M.ª
Emilia).

Ha trabajado con gran empeño en los documentos de N. M. Fundadora. Todo lo de María Emilia era sagrado. La Eucaristía y María han sido siempre Su Todo".

María Alice Vendas Robalinho. M.S.S

"Para mí es agradable recordar y compartir la experiencia y memorias y hasta hablar sobre Carmen Piguillem. La conocí como Vicaria General en 1971-72 y admiraba su dedicación, cariño y sencillez que nos dejaba, en cuanto, postulantes, muy a gusto. Era muy accesible. Recuerdo sus enseñanzas a todos niveles, espirituales y también humanos.

Vino a Portugal en 1973 y me ha concedido la primera profesión. ¡Con mucho cariño me ha comunicado la noticia! Lo que más me marcó fue su línea de espiritualidad, que siempre he apreciado – Silencio – Concentración – Dios. Método para llegar allí. Esto ha sucedido en el año 1977 que como Superiora General ha visitado la comunidad de Maia, en dónde me encontraba… Fue entonces, muy notable, pues ha transformado y adecuado los espacios de oración para facilitar: descanso, concentración, silencio y oración.

Memoria agradecida, pues todavía hoy, y a diario hago una bella oración que nos ha inculcado: Señor en el silencio de este día que nace… es grande pero no cansa y es practica fraterna que Carmen tanto deseaba que viviéramos – fraternidad – unidad – alegría – paz – mucha paz.

Mucho de mi interioridad personal tiene su influencia. Doy gracias a Dios por personas tan sabias y tan santas que se han cruzado en nuestras vidas, dejando marcas de Dios".

María Alice Oliveira Santos. M.S.S

El día que recibimos la petición de Madre Marian para dar testimonio sobre Madre Carmen Piguillem, he experimentado gratitud hacia su vida, en cuanto persona y religiosa, y sin perder tiempo, hemos motivado a que cada una escribiera. De seguida, acompañamos lo que cada una ha podido aportar. Cuando he ingresado en nuestra congregación como pre novicia, en septiembre de 1993, en la Casa Madre – Granada, estaba Madre Carmen. Su presencia era enriquecedora, valoraba, acogía y manifestaba gran cariño hacia los jóvenes, además de gran comprensión. A cada una estimulaba e invitaba a vivir la entrega con generosidad, mucha alegría y desde lo positivo. Era admirable como de todo sacaba lo positivo, lo mejor y como sabía colocarse al lado de quien, como una servidora, podía hacer alguna cosa, por más sencillo que fuera.

¡Cómo recuerdo, con inmensa gratitud, aquel tiempo y también la oportunidad que me ha sido regalada de estar muchas horas al lado de Madre Carmen y Madre Amelia Aranda! En la época trabajaban incansablemente en la "Positio" para enviar a Roma, para facilitar su trabajo, la comunidad ha adquirido un ordenador.

Madre Marian Macías, que en esos entonces era la Maestra de Novicias, me ha ofrecido la oportunidad de ayudarlas a escribir lo que iban haciendo, a la vez que compartía lo que conocía y el modo como se hacía. ¡Qué mujer! Me edificaba (y edifica pensarlo y rezarlo ahora), su deseo de aprender, la humildad y la alegría de poder compartir con una que acababa de llegar –una hermana entre tantas, me ha ayudado a experimentar en familia, en casa y que era fundamental lo que Nuestra Madre Fundadora tanto deseaba "Amaos… ayudaos…".

Me encantaba su amor a todas las hermanas, a todas las personas. El cariño hacia todas las familias y el desvelo y acompañamiento a todas las personas –su sencillez en el trato hacía que los demás se sintieron importantes. También valoro y recuerdo con cariño sus clases de inglés, animándonos a perfeccionar, aprender, a rezar en el idioma, pues veía que sería el idioma del futuro. Y, ¿Cómo no recordar las clases de los sábados de relajación? Sí, es verdad, he de confesarlo, no estaba tan convencida, pero su aceptación edificaba, comprendía. Pude aprender que para todo hay un tiempo y hasta hoy me sirve como previo, trampolín para la oración.

¿Qué decir de los momentos de oración compartida? Recuerdo algunas de sus palabras como jaculatorias que, una y otra vez, repetía "Gracias por todo y para siempre". Su postura refleja la gratitud de una vida vivida en camino de santidad desde lo cotidiano, como María, a quien dedicaba gran amor y dedicación.

Unos años más tarde, el 2007, pude coincidir con Madre Carmen Piguillem en la Comunidad de la Casa Generalícia en Madrid. En esa época vino para preparar la respuesta a los teólogos en el proceso de canonización de Nuestra Madre Fundadora. Madre Leonor Gutiérrez me ha pedido echara una mano a Madre Carmen. Dios, y las hermanas que allí estaban, sabe la alegría y gratitud: era un regalo. Largas conversaciones, investigando, buscando en las cartas de Madre Fundadora y en tantos otros documentos para poder preparar la respuesta a los teólogos, qué momentos más enriquecedores.

A Madre Carmen Piguillem, y a tantas otras hermanas, debo el hecho de tantas oportunidades para acercarme a nuestra tan querida Madre Fundadora, nuestra querida Beata María Emilia Riquelme.

Estoy convencida que Dios sabe bien todos los para que, y mirando hacia atrás, hoy puedo decir gracias Señor por la vida de Madre Carmen Piguillem, sigue conservándola en tu servicio y seguimiento, por manos de tu Madre y nuestra Madre Inmaculada.

Gracias Señor por el don y la vida de Madre Carmen Piguillem, por su entrega generosa. "Todo para gloria de Dios, pero por manos de María".

Gracias por todo y para siempre".

Isabel M.ª Venade. M.S.S

Con muchísimo gusto escribo estas pobres letras de mi memoria agradecida de nuestra hermana Carmen Piguillem.

Es mucho lo que en realidad le debo, ya que desde los primeros pasos en mi vida religiosa ella fue mí auténtico ángel, que Dios le pague el bien que hizo en mí, no solo a nivel espiritual sino también a nivel físico y humano.

En mi juniorado ella era Vicaria. Durante mí juniorado y después también (siendo madre General) fue para mí no solamente una hermana y una madre cariñosa sino una HERMANA comprensiva, cercana y preocupada tanto a nivel físico y espiritual.

Doy algunos detalles de los muchos qué podría citar.

En el campo espiritual fue la qué me inició en una oración interior y silenciosa ella misma me llevó a los cursos de contemplación silenciosa dados por los sacerdotes (Nicolás Caballero, Moratiel +, e Ignacio Larrañaga) Todos ellos me han ayudado a vivir esta oración en profundidad durante muchos años (qué cambió mi vida con el encuentro personal con el Señor - y hoy día me sigo beneficiándome de esta riqueza

A nivel físico se preocupó mucho por mí salud llevándome a los médicos que ella creía que me podían ayudar (y no fue una sola vez sino en varias ocasiones)

Se preocupó también de mi formación académica, dándome la oportunidad de hacer Magisterio y poder dedicar a la enseñanza mucho tiempo.

Su convivencia con las hermanas era sencilla y cercana, siempre dispuesta a escuchar sin demostrar prisa siempre atenta y preocupada a las necesidades de las hermanas

Desde estas pobres letras que se quedan muy cortas deseo decirle una vez más ¡¡¡ GRACIAS CARMEN POR TODO CUANTO HE RECIVIDO POR MEDIO DE TU PERSONA, Y POR EL DON QUE EL SEÑOR TE HA DADO DE AMOR Y CERCANÍA!!!!

Siempre estarás en mi pensamiento y en mi corazón.
Con todo mi cariño

Julia Medrano. M.S.S

Yo Teresa Muñoz, la conocí el 28-4-68 cuando invitada por las hermanas: Isabel Marín y Ángela Chacón, vine a hacer una experiencia para conocer nuestra Congregación.

Carmen nos recibió a mi madre y a mí, con mucho cariño, incluso ya me invitó a ingresar, solo me conocía por el informe de nuestro Párroco. Ella era la Vicaria General.

He podido observar:

- Su sencillez, delicadeza y caridad. Nos decía: "mejor es equivocarse pensando bien que faltar a la caridad".

- Su gran estímulo y confianza en las personas.

- Una mujer de futuro.

- Su gran cariño a cada hermana y familiares de las religiosas.

- Alegría radiante.

- Humildad.

- Motivación. Recuerdo las convivencias en "Los Molinos", las salidas a las praderas. Los cantos que ayudan a no olvidar esos momentos. Por Ej. ¿Por qué no construir los puentes sobre el rio?... "Ama si quieres ser feliz". Son momentos inolvidables.

- En todo buscaba la comunión.

- Su amistad es sincera.

"ME ENSEÑASTE A VOLAR"

Se me ha pedido que comparta mi experiencia de vida con Carmen Piguillem y cómo siento que el Señor me ha acompañado a través de ella.

Carmen y Leonor Gutiérrez

He conocido a Carmen a mis 20 años en el Colegio de Madrid, siendo ella la directora y profesora de Literatura; durante ese tiempo sólo tuve contactos esporádicos. El tiempo que estuve viviendo con ella fueron los 6 años como secretaria, siendo ella M. general, de 1976 a 1982, en la Casa de San Lucas. A partir de esa fecha ya no vivimos juntas, pero nuestra comunicación continuó en la distancia y "cada vez más cerca". Resalto algunas experiencias, que, vistas ahora en la distancia del tiempo, cobran nueva fuerza.

En mis años más jóvenes me ayudó mucho a encontrar **mi identidad personal,** a aceptarme con mis límites, a confiar en mí misma, y con su mirada positiva, con el saber encontrar lo bueno que veía en mí, y en los demás, me fue danto mucha confianza. Con la terapia de *"los actos conscientes"* que ella había aprendido del jesuita P. Irala en la universidad, me ayudó mucho a vivir el *"momento presente"*, a trabajar en el *"pensamiento positivo"*, y poco a poco fui encontrando mi libertad interior y descubriendo el valor, la grandeza escondida es las cosas y sobre todo en las personas. Su paciencia, su sonrisa y sus pinceladas oportunas, diciéndome *"esa no eres tú"*, cuando yo no respondía bien, me invitaba a despertar y a sacar de dentro, lo mejor de mí. ¡Cuánta esperanza se abría dentro de mí y cómo me animaba y sentía que me nacían alas para volar!

Me despertó a vivir con más fe en lo cotidiano, a ver más allá de las apariencias, con su frecuente reacción: *"todo es El"*, ayudándome a ver la mano de Dios aún allí donde la lógica humana no tenía sitio. Su capacidad de acoger, disculpar, y valorar a cada persona, siempre fue para mí un motivo de asombro y reflejo de lo que Dios hacía conmigo. En más de una ocasión me atreví a "corregir" su actuación, y siempre recibía esta respuesta: *"hija, me da lo que tiene"*, *"ahora no puede dar otra cosa"*. Poco a poco fui entendiendo que lo que yo juzgaba como debilidad, o falta de autoridad, era amor de verdad, sabiduría de Dios al aceptar y acoger a la persona en el momento que vive, pues exigirle otra cosa, sería injusto.

El siguiente aprendizaje, fue el ir **haciendo síntesis de la espiritualidad, y poder experimentar que en la Eucaristía se integraban todas las dimensiones de la vida;** me ayudó **a** abrir mi mente a las diferentes formas de buscar a Dios, de vivir en comunidad, de trabajar en las relaciones más positivas entre nosotras, en gozar con la belleza de la naturaleza, de humanizar lo divino y de divinizar todo lo humano; ella veía posibilidades en todo, con una visión de largo alcance, pues, después de 40 años, esos sueños tienen hoy plena actualidad. Ella encontraba luces en los diferentes carismas para iluminar y fortalecer el nuestro, reconociendo la belleza de la unidad entre todos; de ahí que nos invitaba a participar en los grupos Carismáticos, los Focolares, los cursos de integración de Nicolás Caballero, los talleres de autoayuda de Cónfer, con José María Estalayo. La escuela del Silencio del P. Moratiel, etc. y nos ayudó, sobre todo, con ejercicios prácticos. Así recuerdo tantos encuentros sobre el silencio, la escucha del cuerpo para que ayude al espíritu, tantos momentos de oración en los Molinos, en los que Dios nos regalaba el vivir la Unidad con toda la Creación y con toda la humanidad en una misma alabanza. En esos años la Iglesia nos pedía una fuerte renovación de fondo y forma, en las Congregaciones, y ella me ayudó a sentir la necesidad de compartir desde dentro, desde la verdad y los sentimientos; de esa manera nacerían las **"Comunidades Pascuales"**, sobre las que tanto insistió en sus visitas.

Y finalmente, el mayor regalo que Dios me ha dado a través de ella, ha sido y es el de la **"vida en Comunión"**, en la que he podido intuir algo de lo que es la vida trinitaria, donde, son Tres, pero a la vez son UNO. Donde el amor entregado hace que sea verdad lo que a ella tantas veces le escuché: **"todo lo mío es tuyo"**; la oración de Jesús al Padre diciendo *"tú en mí y yo en ellos para que seamos Uno y el mundo crea"*, le aseguraba que esa misma relación entre las hermanas era posible, y que Él la llevaría a cabo si nosotras le dejamos hacer. Percibía que ese era el sueño de Dios, y que urgía responder con generosidad a esa llamada. Varias veces me dijo: *"yo no lo veré, pero esta vida de Comunión en el Señor va a ser una realidad en nuestras comunidades, María nos va a ayudar"*. En esta Comunión, sentí que la dimensión misionera se ampliaba, que la podía vivir plenamente, sin límites de espacio, ni de personas, y cuya fecundidad estaba asegurada con la presencia de Jesús, hecho Pan para todos.

Doy gracias infinitas a Dios por la vida de Carmen, por habérmela puesto en mi camino, por haberme sostenido, en momentos de mucha dificultad, por haberme mostrado tantas veces el rostro bondadoso y cercano de Jesús, por haberme enseñado a volar, a buscarle sólo a Él, por abrirme a esa Vida de Comunión que nunca va a terminar, que será plena en el cielo. Ahora sigo siendo ese pequeño gorrión, de alas cortas pero que aprendió a volar y a confiar poniéndome en las grandes alas del *"Águila adorada"*, que decía Santa Teresita. Esta aventura llena del todo el alma, y durará para siempre. Siento que es tanto lo que he recibido, que no tengo modo de poderlo expresar mejor. Gracias, Carmen, por enseñarme a volar.

Leonor Gutiérrez Muñiz. M.S.S

MI TESTIMONIO SOBRE LA HERMANA CARMEN PIGUILLEN

He tenido el privilegio de haber vivido seis años en gobierno general junto a ella. Para mi fueron años muy especiales de mi vida religiosa, le debo mucho, en la formación humana y espiritual.

Para mi Carmen ha sido madre, hermana y confidente, siempre disponible para escuchar, alentar, animarte, valorarte, con su ejemplo, su vida espiritual tan profunda, su amor a todas las religiosas, su finura. Su amabilidad, su sencillez, su sonrisa, su amor a la congregación, su interés por todas las religiosas, por formación y sobre todo por la vida espiritual.

A Carmen le debo mucho de lo soy hoy, ella estuvo a mi lado en los momentos más difíciles, siempre con un ánimo, y actitud positiva. Su frase, POSO, PUEDO. Siempre valora lo positivo, su alegría contagiosa, nunca le he escucha quejarse de nada ni de nadie, siempre disculpe a todas las hermanas.

Su profundad espiritual su actitud contemplativa para mí ha sido un estímulo y una ayuda muy grande. Trabajo mucho durante su gobierno, con las religiosas, enseñando ejercicios para poder orar mejor. Yo tuve la dicha de tener oración compartida los años que estuve en Madrid, momentos inolvidables. Aprendí mucho que me ha servido y me sirve todo lo que aprendí de ella.

Mi profundo agradecimiento a Carmen por su ejemplo, de entrega, de humildad, de renuncia y entrega a la Congregación y a cada una de las hermanas.

Gracias Carmen por tu entrega, por tu ejemplo y tu amor a todas

Presentación Zabala. M.S.S

La gran bendición de conocer a Madre Carmen, nos ha llevado a percibir en ella un alma contemplativa por su profunda vida de oración, con un corazón lleno de bondad viendo a Dios en el hermano, admirando esa presencia de Dios en la creación y situaciones que se presentan. Amante del silencio interior y exterior como medio para acercarse a esa experiencia de Dios. Cercana, bondadosa, sencilla, tierna, alegre, optimista; disfruta de los ratos de oración, buscando posturas que le favorecen estar con Él, sentándose en el suelo con los pies cruzados, en un cojín o en un banco pequeño, como sentada de rodillas; recomienda ejercicios de respiración y relajación repitiendo frases cortas: "Dios me ama" "Él es mi fortaleza"

En sus cartas y encuentros personales siempre motiva a un convencimiento de que Dios nos ama, de sentir la presencia de Dios en la creación, en el hermano. Mirar al hermano como Dios lo mira. Ponerse las gafas de Dios.

Contempla a un Dios que se anonada, se nos da como alimento, así debemos ser cada una, pan para los demás.

Anima a no desfallecer en las dificultades, invitando a repetir muchas veces "Pozo" es decir puedo, puedo.

Recomienda una alimentación vegetariana.

No pierde oportunidad para hacerse presente con sus mensajes y cariñosas cartas.

Amante de la Santísima Virgen y con mucho interés en ponernos al tanto de las apariciones en Medjugorje.

Consuelo Palacio. M.S.S. Colombia

Soy María Amor Goldáraz Zarranz: Para mi Carmen ha sido siempre una religiosa ejemplar, llena de virtudes humanas y cristianas. La encuentro sencilla, humilde, trabajadora, comprensiva, acogedora, con un gran corazón. Siempre dispuesta a escuchar y ayudar con delicadeza y una gran caridad.

Veo que tiene un gran amor a la Congregación y a la Iglesia. Y que en ella se hace realidad nuestro lema de "DULZURA Y CARIDAD", así como nuestra espiritualidad Eucarística, Mariana y Misionera, pues Carmen manifiesta un inmenso amor a Jesús Sacramentado, así como a la Virgen Santísima, nuestra Buena Madre y tiene también un gran espíritu misionero, celo por las Misiones.

Yo tengo para con ella mucha admiración y gratitud y pido a Dios que nos la conserve bastantes años más, como un testimonio vivo de amor, donación y fidelidad.

María Amor Goldáraz Zarranz. M.S.S

DEDICADO A CARMEN PIGUILLEM

Corría el año 1945. A mitad de enero, mis padres desde Zaragoza se trasladaron a Madrid. Después de vivir con una tía abuela que vivía en la calle San Vicente nos afincamos en la calle Barquillo, muy cerquita de la calle San Lucas donde las Misioneras del Santísimo Sacramento tienen una comunidad y en aquel entonces tenían Colegio, muy familiar y adaptado al edificio que es más bien pequeño. Mis padres, sin dudarlo me matricularon donde las Misioneras.

Yo, apenas con cuatro años llegué contenta y feliz. Me recibió nuestra Carmen Piguillem que en aquellos momentos era la Superiora y directora del Colegio. Con un recibimiento tan cariñoso y acogedor, pronto me adapté. Carmen, M. Corazón de María como entonces se llamaba, fue mi profesora durante varios años, principalmente en el bachillerato que nos dio inglés. Siempre nos trataba con gran cariño, era una religiosa muy dedicada a sus alumnas, preocupada de sus necesidades tanto materiales como espirituales. Muy dulce en el trato y muy cariñosa. Se la veía con grandes dotes sociales. Siempre fue un gran referente en mi vida; tanto que después de recibir mi Primera Comunión, en la Eucaristía la veía tan endiosada que, en mi pobre coloquio con el Señor, le decía: "No sé decirte nada, te digo lo que te estará diciendo M. Corazón de María".

Después de pasar los años, cuando sentí mi vocación religiosa, fue ella quien me atendió. No me recibió enseguida. Me dijo: "Has estado toda la vida con nosotras, es bueno veas otras oportunidades y conozcas otras Religiosas". Así que me fui buscando y mirando por otros lados. Difícil discernimiento, no veía claro y d6espués de un año, volví para hablar con ella y también habló con mis padres. Todo quedó resuelto y fijaron fecha de ingreso en el Noviciado. Pasaron algunos años y me tocó vivir durante un tiempo en la misma Comunidad. Como es natural se notaba su crecimiento espiritual, pero siempre con ese toque de bondad, cariño, acogida afable, sencillez, naturalidad, alegría, y mucho Amor a JESÚS EUCARISTÍA y a nuestra MADRE MARIA.

De ella recibí grandes consejos que me ayudaron en muchos momentos oscuros que hay en la vida.

AL FINALIZAR ESTE ESCRITO, PUEDO DAR MUCHAS GRACIAS A DIOS DE HABERLA PUESTO EN MI VIDA, POR LO MUCHO QUE ME AYUDÓ A CRECER EN MI CAMINO COMO PERSONA Y COMO RELIGIOSA MISIONERA DEL SANTISIMO SACRAMENTO Y MARIA INMACULADA.

Hna. Rosa María Ateza Acín. M.S.S

TESTIMONIO DE MARÍA LOURDES GARBIZU INSAUSTI SOBRE LA VIDA DE NUESTRA HERMANA CARMEN PIGUILLEM PETIT

En este escrito quiero manifestar mi profundo agradecimiento a nuestra Hermana Carmen Piguillem Petit, por lo que su presencia en la Congregación ha supuesto para mí.

La conocí siendo joven y me sentía llamada a entregarme a Dios. Ella era entonces Vicaria General. Me escribió una estampa y me animó a entrar en la Congregación, ofreciendo todos los apoyos en la promoción cultural y sobre todo en la formación y espiritualidad. Me decía: "Te felicito por tus deseos de ser buena".

Su testimonio de vida en el Colegio de Madrid, en la Casa General y por donde pasaba, me llamó siempre la atención su celo misionero, su bondad y delicadeza con todas las personas a las que se dirigía, de todas las edades.

Manifestaba en su rostro la dulzura y la paz, que sin duda brotaban de su entrega total al Señor, enamorada de Jesús y ferviente hija de la Virgen María, identificada con el Carisma de la Congregación, con las virtudes practicadas por nuestra Madre Fundadora, la Beata Mª Emilia Riquelme y las religiosas primeras.

Considero una gracia especial de Dios haber convivido con Carmen en distintas épocas de mi vida religiosa. En toda circunstancia, infundía ánimo y enseñaba a ver la parte positiva en todos los acontecimientos, mirando a Dios.

Fui testigo en la Casa del Pasaje en Barcelona; siendo mayor de edad, se deterioró su salud y ella aceptaba con humildad la Voluntad de Dios en sus limitaciones físicas.

Su amor y su cariño entrañable se extendía a todos los familiares de las religiosas. En mi familia la siguen recordando con agradecimiento por sus atenciones.

Puedo decir que Carmen ha sido una "estrella luminosa" en mi vida desde que la conocí y doy gracias a Dios por todos los bienes que Dios me ha regalado a través de ella.

Su entrega alegre y servicio incondicional en la Congregación, también como Superiora General, ha sido un eslabón brillante en la cadena de Misioneras valientes que nos han precedido. Fue notable su afán incansable por conseguir desde la Eucaristía, la verdadera unidad y fraternidad entre todas las religiosas.

Creo que se merece nuestra acción de gracias desde lo profundo del corazón.

¡GRACIAS MUY QUERIDA CARMEN POR TU VIDA ENTREGADA CON ALEGRÍA!

TE QUEREMOS MUCHO.

Mª Lourdes Garbizu Insausti
Madrid 24 de febrero de 2024

MULHER BEM-AVENTURADA

Tive o privilégio de ser admitida ao postulantado por Irmã Carmen no ano de 1970. No entanto, a alegria maior foi conhecê-la pessoalmente no meu primeiro ano de noviciado, em 1971, no Bairro de Santa Teresa, Rio de Janeiro. Eu já havia ouvido falar muito bem da pessoa dela. Que era uma mulher cheia de virtudes, muito humana e muito agradável, como de fato comprovei.

Neste ano, foi a sua primeira visita oficial às Comunidades do Brasil como Superiora Geral da Congregação das Missionaria do Santíssimo Sacramento e Maria Imaculada.

Impactante para mim foi estar diante de uma Superiora Geral ainda muito jovem, alta, bonita, cheia de encanto em seu sorriso espontâneo, em sua face serena e angelical, na sua simplicidade e abertura. Tudo começou neste momento e depois fui comprovando a grandeza e o valor de Irmã Carmen ao longo dos anos por cartas; sua vinda ao Brasil nas visitas canônicas; nos capítulos gerais na Espanha; quando foi nomeada Delegada Regional do Brasil e superiora de Brotas, Salvador onde convivemos juntas na mesma casa e por último, na Espanha, nos 12 anos em que lá passei.

No meu período de noviciado recordo com gratidão os encontros de formação, momentos de oração e transmissão vivencial da vida de Nossa Madre Fundadora, da história da Congregação, do Carisma Eucarístico, Mariano e Missionário, da experiencia que teve ao lado de Madre Amada e primeiras irmãs. Tudo isso nos fascina! Tudo aquilo era como uma corrente sanguínea que ia fazendo um efeito energizador dentro do nosso coração, de nossas mentes e de todo nosso ser.

Mulher consagrada bem-aventurada! Suas virtudes humanas e espirituais são características de uma pessoa que possui uma intimidade muito forte diante de Jesus Eucaristia. Ela encarnou de fato, em toda a sua vida, as virtudes que Maria Emília, nossa Fundadora queria tanto de suas missionárias. Pelos relatos de sua infância contados por ela mesma, de forma muito espontânea, Carmen traz estas virtudes em suas entranhas; e, com certeza, na educação e vivencia humana e espiritual passada por seus pais.

Ela encarnou, de forma admirável, as virtudes de humildade, simplicidade, alegria, doçura, capacidade de amar sem acepção de pessoa,

pureza de coração, respeito pelo outro com um olhar apreciativo, capacidade de escuta, perdão, abnegação, altruísmo, generosidade, pacífica, vida de oração profunda... Tudo como resultado do seu amor inabalável a Jesus Eucaristia e a Nossa Senhora. Sua vida está pautada numa vida de fé e oração e de amor a irmã, ao irmão. Recordo que, desde nosso tempo de noviciado, repetidas vezes nos falava e coisa que ficou internalizada em minha vida: "O que é meu, é teu e o que é teu é meu! Estas expressões são frutos de uma vivencia desprendida das coisas materiais e de uma forte experiencia de Deus.

Irmã Carmen é uma casa aberta em todos os sentidos, sobressaindo o acolhimento a quem chegava, e, de modo especial às pessoas que vinha buscar um conforto e consolo humano e espiritual. É evidente em todas as pessoas que a conheceram palavras de gratidão e de confirmação de sua forma amável de acolher e abraçar a pessoa nas suas diversas circunstancias. É gratificante ouvir das pessoas: Irmã Carmen é uma santa! Ela sabe acolher com ternura e amabilidade todas as pessoas!" Na verdade, ela é aquela religiosa em prontidão para escutar, acolher, orientar e aconselhar na hora certa. Todas saiam daquele encontro aliviadas e confortadas.

Quem não tem internalizada aquela forte expressão que sempre repetia: "Amai-vos, ajudai-vos!" Expressão esta, que parte do Mandamento Novo de Jesus.

Com a maturidade do tempo vamos assimilando na prática todos aqueles ensinamentos que para a nossa pouca maturidade humana e espiritual, pareciam repetitivos. O seu objetivo era, que nós chegássemos de fato, a uma tomada de consciência no nosso dia-a-dia.

Como Regional aqui no Brasil, estas palavras não ficaram soltas no ar, levadas pelo vendo; mas, transformadas em gestos e ações concretas de  *caridade: ajudar na construção de casas para algum funcionário ou outras pessoas que não tinham moradia própria para que pudessem reconstruir suas vidas de forma mais digna. Ajudava nos estudos e alimentação de crianças carentes e de familiares de religiosas que estavam passando por um momento financeiro crítico. Reconhece o potencial das pessoas. Não só dava as condições humanas, como também as conduzia para Deus, estimulando a fé, a esperança e o amor recíproco. Ela acredita e confia nas pessoas como imagem e semelhança de Deus. Ensina também a ver no rosto do irmão e irmã, o rosto misericordioso de Jesus.*

Irmã Carmen me ajudou muito na minha vida humana, espiritual e fraterna. Ela sempre com seu olhar apreciativo. É referência em ver Jesus no outro. Ela não fazia distinção entre as religiosas, nem nas pessoas de fora. Nunca eu ouvi sair dos seus lábios uma palavra negativa contra alguém. Desculpava sempre a pessoa, seja ela quem fosse, de uma forma ou de outra. Ela não deixava de visitar a família das religiosas. Inclusive, minha família tem verdadeira veneração por ela. Sempre que perguntam por ela, sobretudo os que mais a conheceram fazem referência, a seu grau de santidade. "Verdadeira religiosa!" "A caridade personificada!" "Que docilidade de pessoa! Que dimensão humana possui! Que capacidade de compreensão, de escuta e de caridade!". Um grau de santidade muito alto! Inclusive minha irmã que foi Juniora nossa, no momento mais cruciante da sua vida, onde não encontrava uma orientação adequada, sentiu-se praticamente obrigada a deixar a vida religiosa, veio a encontrar anos depois, o que precisava no momento do seu discernimento pessoal mais complexo. Carmen lhe disse: "Se eu estivesse aqui eu não teria deixado você sair. Você é uma pessoa valiosa!" Minha mãe em vida tinha verdadeira veneração: "Uma santa! E assim, todos que a conheceram.

Agradeço a Deus tê-la conhecido! Ela deixou uma marca indelével!

Ela fazia sempre exercícios de pacificação interna; desse olhar apreciativo num sentido cosmológico e humano. Quando reflito nas Encíclicas do Papa Francisco Fratelli Tuti, Laudato Si e suas homilias vejo Irmã Carmen na minha frente. O Papa fala na Encíclica Fratelli Tuti da dimensão universal da fraternidade ante as várias formas atuais de eliminar ou ignorar os outros, para que sejamos capazes de reagir com um novo sonho de fraternidade e amizade social. Na Laudato Si reflete sobre o direito e cuidado a casa comum. O papa nos recorda que, «o homem não é apenas uma liberdade que se cria por si própria. O homem não se cria a si mesmo. Ele é espírito e vontade, mas é também natureza». Este ano aqui no Brasil, a Campanha da Fraternidade que acontece cada ano por ocasião da Quaresma, tem como tema "Fraternidade e Amizade social", e o lema "Vós todos irmãos e irmãs" (Mt. 23,8). "Cultivar a amizade social é imprescindível para que a humanidade consiga enfrentar seus desafios" (Dom Walmor Oliveira de Azevedo, Arcebispo de Belo Horizonte). Irmã Carmen sempre viveu essa dimensão da vida humana em relação a natureza, ao planeta. Talvez por ser de uma cidade banhada pelo mar, quando ela vinha de Geral e quando morava aqui, ter este contato com o mar era entrar em oração e contemplação. Sabia desfrutar dos momentos ricos em que íamos a alguma praia no Estado de Santa Catarina (nas visitas à Comunidade de Tubarão), como também fazer a travessia de Ferry Boat para a Ilha de Itaparica, na Bahia para um momento único de convivência comunitária.

Nesses momentos de convivências eram partilhadas muitas experiências. Recordo bem quando Irmã Carmen nos contava sobre o período da guerra civil da Espanha em que o transtorno e o caos tornaram-se visíveis por toda parte. Muitas famílias perderam, de forma cruel, os seus entes queridos. A dor corroía os corações e a incerteza da sobrevivência era latente. As famílias sofriam muito em não ter o dinheiro para comprar alimentos para seus filhos. Ela mesma, vendo sua mãe sofrer muito e em silencio, pois não queria que suas filhas se dessem conta da privação que estavam passando, saiu um dia pelas tendas da rua para ver se conseguia algum gênero alimentício. Em uma delas, chegou para o dono e disse: "Mamãe não tem batatas". O senhor compadecido de sua inocência e de ver que ela desejava amenizar o sofrimento da mãe, pegou umas batatas e a entregou. Carmen conta que saiu dali cheia de felicidade, pois sabia que ia aliviar a necessidade vigente de todos. E assim, tantas outras histórias familiares e congregacionais vão tecendo histórias e memorias.

Irmã Carmen, qual uma esponja mergulhada na água, foi bebendo nas fontes da Congregação. Teve como referência vivente, Madre Amada Arderiu Basora, discipula fidedigna de nossa Fundadora, Maria Emília. Madre Amada conheceu nossa Fundadora desde pequena e com ela aprendeu as maiores lições de entrega incondicional a Deus, amor a nossa Senhora e entrega pelas missões, sacrificando sua própria vida, pois, a sua última viagem ao Brasil comprometeu muito mais o seu estado de saúde, mesmo sabendo dos riscos, orientada por seu médico. Foi neste manancial que emerge do Espírito Santo e da Eucaristia e por meio destas pessoas concretas, que Irmã Carmen conheceu a Congregação, e delas, recebeu o alimento espiritual que, além de alimentar-se até o momento, alimentou e alimenta suas irmãs e irmãos no amor inconfundível a Jesus Eucaristia e a Maria, nossa Mãe, assim como, o seu ardor missionário como alimento, consolo, esperança e caridade, por onde passou.

Ao falar sobre a pessoa de Madre Amada, Irmã Carmen seu semblante se transformava. Pois, Madre Amada transfigurava a pessoa de Maria Emília.

Quanta gratidão, Irmã Carmen! Aprendi muito com a Senhora. À Senhora, o meu respeito, carinho e eterna gratidão!

"Tem teu olhar e teu coração sempre fixos em Jesus sacramentado".

"A Eucaristia é o paraíso na terra".

"Busca só a Jesus... com Ele serás muito feliz".

"Jesus é o teu melhor amigo; Ele será sempre fiel".

"Ama a Deus, trabalha por Deus e cala para escutar a Deus"

"Ama a Deus e Ele encherá todo teu coração".

"Ama sem reservas a Deus, Ele paga amor com amor".

"O amor de Jesus tira o medo".

"No céu e na terra o que vale é o AMOR de DEUS".

"Vamos ver qual é a mais doce de todas nós... amabilidade, por Deus, é que notei que a amabilidade e doçura são filhas da humildade, e esta encantadora senhora é a dama de meus amores".

"Doçura e caridade é o sinal da alma humilde. Mesmo que seja em coisinhas pequenas vamos humilhar-nos, o que é mais, vamos deixar que nos humilhem".

Maria Emilia Riquelme

Como Regional aqui do Brasil nos ajudou muito em todos os sentidos. Os já mencionados acima e, uma atitude que jamais podemos esquecer. A Regional do Brasil não tinha uma sede própria. Estava alojada no Colégio Nossa Senhora da Conceição. Esta casa-colégio não comportava espaço para as irmãs que vinham de das outras comunidades para médicos, visita às famílias e até mesmo outros serviços na capital da Bahia, Salvador. Em consenso em uma assembleia regional pensou-se em criar uma Sede própria, em uma casa à parte e que viesse facilitar as idas e vindas das Irmãs. Como estávamos passando por um momento de muitos gastos congregacionais, a Carmen logo encontrou uma solução. Tinha uma herança familiar que lhe pertencia, pediu permissão ao Conselho Geral para investir na casa regional. E assim foi feito.

Nem tudo são flores na vida da pessoa, senão, não seríamos discípulos de Jesus: "Quem quiser me seguir, pegue a sua cruz e me siga".

Quando as pessoas não a entendiam ou até mesmo a contrariavam, Irmã Carmen sempre tinha uma palavra de perdão. Nunca, nunca mesmo ouvi uma palavra de repúdio, de indiferença e de crítica em sua boca. O perdão e a caridade estavam por cima de qualquer ofensa e descaso. Podemos confirmar que ela entranhava em seu ser as palavras referentes a São Francisco de Assis:

Senhor fazei de mim instrumento de vossa paz. Onde houver ódio, que eu leve o amor; onde houver ofensa, que eu leve o perdão; onde houver discórdia, que eu leve a união; onde houver dúvida, que eu leve a fé; onde houver erro, que eu leve a verdade; onde houver desespero, que eu leve a esperança; onde houver tristeza, que eu leve a alegria; onde houver trevas, que eu leve a luz. Ó Mestre, fazei que eu procure mais consolar, que ser consolado; compreender, que ser compreendido; amar, que ser amado. Pois, é dando que se recebe, é perdoando que se é perdoado, e é morrendo que se vive para a vida eterna.

Zilmar Moreira Bonfim. M.S.S. Brazil

"Éramos seis"

1971, Rio de Janeiro, "Cidade Maravilhosa" eternizada na poesia de Antônio André de Sá Filho, em 1934.

Bairro de Santa Tereza. Bucólico, poético, colorido pelo pincel de ouro de Djanira da Motta e Silva (São Paulo 1914 – Rio de Janeiro 1979), casarões centenários, conventos de raiz: Carmelitas, Jesuítas entre outros e, em meio à ladeira de Santa Tereza lá estava a casa de número 7 das Missionárias do Santíssimo Sacramento e Maria Imaculada, que acolhia a etapa de formação do Noviciado. Assim vislumbrávamos a rua principal e, pela janela víamos a citada pintora em seu atelier. Do lado oposto apreciávamos a baia da Guanabara, linda! Com grandes e pequenas embarcações chegando e saindo. Um privilégio, ampliado nos dias ou noites de tempestades, ver os raios caírem na água.

A Capela do Noviciado era localizada ao lado de uma varanda que nos proporcionava a visão acima referida através dos janelões e suas vidraças, protegidas por sóbrias e ao mesmo tempo elegantes cortinas. A varanda era apenas acesso à Capela e noviça não deveria parar na beleza da baía já que "os olhos deveriam estar fitos em Jesus Sacramentado" (parafraseando nossa querida Beata Maria Emilia). Assim acontecia, embora não impedia de passar uma mirada no belo, antes do encontro com o "mais Belo" (Sl 45,2)

Vale destacar que, na etapa do noviciado, a chegada de uma carta da superiora geral era momento de grande vibração e valia um acréscimo na restrita hora do recreio. Primeiro foi o anúncio do Capítulo Geral – nosso primeiro contato com esse evento de relevância para a Congregação, mas que, embora estivéssemos informadas, nossa participação não acrescentava preocupação: éramos noviças! Tudo explicado. As Irmãs indicadas viajaram para a Espanha, enquanto acompanhávamos com orações, sem concluir o entendimento dos fatos. Nesse interim, o anúncio: após eleição, eis a nova Madre Geral- Madre Carmen Piguillen Petit. Acredito que era mês de setembro.

1972. A etapa de formação continuava. A expectativa e alegria pela chegada da carta da Madre Geral, também. Daquela vez foi o comunicado da próxima visita, a primeira de Madre Carmen ao Brasil e o desembarque no Rio de Janeiro, portanto o primeiro lugar para recebê-la seria o Noviciado. Começou o movimento de preparação da casa. Certo dia, a Mestra – Ir. Redentor Gavarrón, na companhia de Ir. Bernadete (Zulmerita Oliveira) foram ao comércio com o objetivo de comprar tecidos para novas cortinas daquelas janelas que permitiam ver a baia da Guanabara. Nesse dia houve o acontecimento da mangueira (árvore frutífera que havia na pequena área verde. Assunto sigiloso que só quem participou sabe.

Foram muitos dias de limpeza e arrumação. O que não mudou foi a rotina do noviciado; assim, entre baldes, vassouras e algum escasso produto de limpeza, estava rigorosamente mantido o horário. Formação levada a sério. E tudo acompanhado de grande expectativa em torno à figura da Madre. O Noviciado não tinha carro, sempre dependemos de famílias amigas ou da caminhonete do Padre Barros SJ que nos levava a passear, um deleite conhecer as belezas do Rio no carro do Padre. Hoje diríamos o "tio". Afinal chegou o grande dia. Vestimos nosso uniforme – a jardineira azul com a blusa branca e a ocasião pedia que fosse a de manga comprida, as meias, sapatos pretos e rumo ao Galeão.

À medida que o tempo passava a ansiedade tomava conta e não só das noviças. As Irmãs também. O avião aterrissou, todas diante do portão de desembarque internacional. Finalmente despontou. Não havia dúvida, era ela. Figura de mulher consagrada que nem sequer havia chegado aos 50 anos, hábito cinza, sorriso estampado no rosto e uma beleza perceptível a todos os olhos. Surpreendentemente percebemos que trazia nos braços um bebê, sim um bebê: uma imagem belíssima do Menino de Maria, aquele que nasceu em Belém entre palhas e cercado de simpáticos animais. Era um presente para o noviciado e as noviças deveríamos dele cuidar e ao mesmo tempo aprender suas lições. Ah, e recordar o que disse a amada fundadora: "Em Belém se fala a linguagem do amor e da humildade".

Desse dia tenho uma recordação que não posso calar. Para minha surpresa fui indicada pela mestra para acompanhar a Madre Geral à Paróquia para participar da Eucaristia. Na ida fui mostrando o bairro, na volta aproveitei a conversa amistosa e... revelei meu desejo de emitir os Votos temporais, quando ainda faltava uns meses para completar o segundo ano de noviciado. A resposta: "Como non, hija!" Inenarrável! E assim aconteceu no dia 8 de dezembro de 1972 em Alagoinhas. Aqui éramos e ainda somos três: Margarida Carvalho, Zilmar Bonfim e Lucia Sá Barreto.

Daqueles dias de visita canônica ao Noviciado ficaram marcas indeléveis de bondade, paciência e a expressão de amor nos encontros pessoais e reuniões do grupo para comunicarmos o belo e positivo que víamos umas nas outras. Aliás, enxergar o bom em cada irmã é uma marca do pensar e agir de Carmen Piguillenn, repetido em todas as suas visitas posteriores. Numa dessas esperadas visitas tive a alegria de professar os Votos perpétuos em Salvador juntamente com Zilmar e Margarida. Portanto, minha caminhada inicial na Congregação foi marcada pela presença de Ir. Carmen.

Após concluir o segundo mandato como superiora geral, Ir. Carmen veio para o Brasil como superiora regional e superiora local da comunidade do Colégio Nossa Senhora da Conceição, onde eu estava. Anos depois nos encontramos em Granada. Muito desafiador coordenar uma comunidade com aquela que foi minha superiora geral e local; a primeira superiora geral que eu conheci. Desse tempo guardo a imagem do que ela sempre cultivou: amor ao Senhor, à Senhora e a caridade fraterna como elo de união entre as irmãs; a bondade, a compreensão diante da realidade humana de cada pessoa e o enxergar para além do que aparentamos e a possibilidade de ir além pela superação. Diante das quedas e dificuldades é sempre bom escutar: "Hija, non pasa nada" e outras expressões de amor, reveladoras da misericórdia do Bom Pastor. Levei um tempo para acostumar-me a chama-la de Carmen, pelo tratamento anterior de Madre Geral. Obrigada, Carmen, pelo que vi e ouvi.

Lúcia sa Barreto. M.S.S Brasil

Religiosas con M. Amada,
entre ellas Carmen

Lolita con más de cien años

GALERIA DE MOMENTOS VIVIDO EN LA VIDA DE CARMEN

Carmen novicia

Mamá de Carmen

En Brasil

En el Pasaje con
la Virgen de Lourdes

En Salvador- Bahía

Con los más pobres

Siempre FELIZ

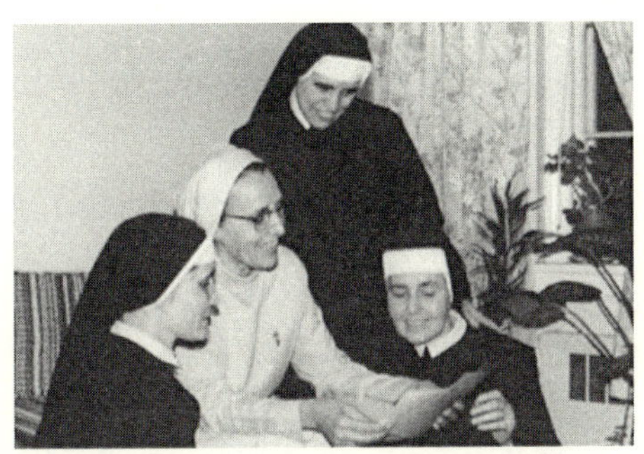

Con sus hermanas Lolita y Motserrat

Leonor y Carmen

Con sus hermanas

Con Margarita Santamaría en Brasil

Embarcándose para ir a misiones

Índice